U0137149

華志文化

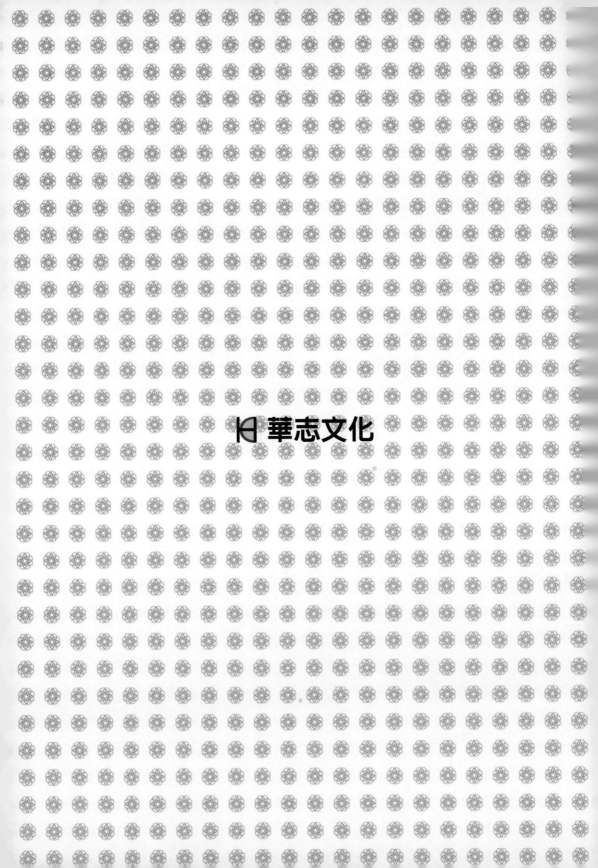
華志文化

閱讀百年
百年閱讀

冰鑑

新解

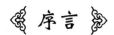

序言

用一雙眼看透一切人

「譽之則為聖相，讞之則為元兇。」正如國學大師章炳麟的評價一樣，曾氏一生謗譽參半：挽狂瀾於既倒，鎮壓太平天國，被譽為「中興第一名臣」；主張富國強兵，被譽為「洋務運動的先驅」；他是著名的理學大師，學術造詣極深，桃李滿天下，有「德比諸葛，功過蕭、曹，文章無愧於韓、歐」、「道德文章冠冕一代」的稱譽；他一生不愛財、不怕死；努力做清官，做名臣，是儒家最後一位聖人，也是封建社會最後一位精神領袖。但由於他殘酷鎮壓農民起義、又被世人喻為劊子手、曾剃頭、封建地主階級的衛道士、地主買辦階級的精神領袖；在「天津教案」中殺人割地，又被罵為漢奸、賣國賊……

作為清代以文人而封武侯的第一人，曾國藩是近代中國最顯赫和最有爭議的歷史人物。在清王朝內憂外患接踵而來的動蕩年代，站在不同的立場，對曾國藩的評價當然會有對立的觀點，但也有眾口一詞之處：那就是肯定他卓越的識人、用人術。曾氏統帥湘軍，戰功卓著，其成功的重要祕訣之一便是對人才的重視。他認為「國家之強，以得人為強」，「國家大計，首重留心人才」。在人才問題上，他敢於走出傳統，確立了與時代相吻合的人才觀，主張摒棄崇尚「義理」、鄙薄「技藝」的思想，宣導「師夷之長技」的新觀念，成為西學東漸的先驅。為安內禦外，他提出「得人才者得天下」，致力於實用人才的培養。

毛澤東曾認真研讀過曾國藩的許多著作，對其事業的成功

深為敬服，對其文章品格也真誠仰慕。他一生多次提及曾氏，如 25 歲時說：「愚於近人，獨服曾文正，觀其收拾洪、楊一役，完滿無缺，使以今人易其位，其能如彼之完滿乎？」[①]34 歲時說：「打倒太平天國出力最多的是曾國藩，他當時是地主階級的領袖。」77 歲時說：「曾國藩是地主階級最厲害的人物。」[②]蔣介石對曾氏更是頂禮膜拜，認為曾國藩為人之道「足為吾人之師資」。他把《曾胡治兵語錄》當作教導高級將領的教科書，自己又將《曾文正公全集》常置案旁，終生拜讀不輟。據說，他點名的方式、靜坐養生的方法，都一板一眼地模仿曾國藩。曾國藩的個人魅力，可見一斑。

曾國藩有一句座右銘：「成大事者，以多得助手為第一要義。」他十分注意網羅和培植各類人才，其幕府享有「神州第一幕府」的稱號。到過太平天國的容閎在描繪湘軍大營人才盛況時說：「候補之官員、懷才之士子，法律、算學、天文、機器等專門家無不畢集，幾乎舉全國人才之精華，彙集於此。」幕府 80 餘人中，後來位至總督、巡撫、尚書等二品以上大員的就達三十人，如李鴻章、李翰章、左宗棠、劉蓉、唐訓方、彭玉麟、錢應溥、沈葆楨、丁日昌等。幕府還孕育了一批外交人員，如先後出使英、法、比、意的大使薛福成、出使英國的公使郭嵩燾、出使西班牙、德國的參贊黎庶昌等。一些知名的科技人員，如李善蘭、華蘅芳、徐壽、徐建寅等，也被延入麾下。曾國藩識別、培養、造就了大批人才，在中國歷史上是不多見的。

曾國藩善於「以相取人」。《清史稿·曾國藩傳》載：「國藩為人威重，美鬚髯，目三角有棱。每對客，注視移時不語，見者悚然，退則記其優劣，無或爽者。」其得意門生李鴻章稱誦說：「知人之鑒，並世無倫。」甚至連對手石達開也承認：「公雖不以善戰名，而能識拔賢將，規劃精嚴，無間可尋，大帥如此，實起事以來所未見也。」

　　曾國藩很大程度上摒棄了相學中的神祕主義和江湖色彩，重神而兼顧形、重常而辨別奇、重理而指導術，特別強調人的精神和氣質。他透過多年實踐，總結自身識人、用人心得，完成了一部鑒人專著《冰鑑》，取「以冰為鏡，能察秋毫」之義，集中國歷代相術之大成，是中國古代相術流派中「書房派」的代表作。《冰鑑》體雖小而思精，言雖少而意深，其鑒人、觀人之法在今天亦有重要的實用價值。國學大師南懷瑾在《論語別裁》一書中談到：「有人說，清代中興名臣曾國藩有十三套學問，流傳下來的只有一套──《曾國藩家書》。其實流傳下來的有兩套，另一套是曾國藩看相的學問──《冰鑑》。」

　　蔣介石的相人之法，就得益於《冰鑑》。他在安排重要人事時，也常常觀察人的相貌顏色，以決定用否。《蔣氏王朝興衰史》說：「凡有重要人事安排，他必先招榜上有名者，觀察其相貌氣色，然後再做選用與否的決定。其相人之法得自曾國藩學說之處甚多。曾國藩著有《冰鑑》一書，是談氣觀相的一代宗師。據說蔣緯國在擔任三軍大學校長期間，《冰鑑》一書曾被指定為學生的重要參考書籍。」

　　《冰鑑》原文雖只有寥寥的2269字，但在考辨人才上，頗有實用價值，也有著一定的科學性，是人力資源本土化的適用教材，對政府、軍隊、企業等各級領導者識別、儲備、選拔、培養人才大有幫助。

　　不過，對於《冰鑑》，現代人讀起來頗為吃力，更難懂的是書裡講述「神骨」、「情態」、「容貌」等好壞的標準。如什麼樣的骨相、面相算是好相，好的標準又在哪裡？又如曾氏相術口訣：「邪正看眼鼻，真假看嘴唇；功名看氣概，富貴看精神；主意看指爪，風波看腳筋；若要看條理，盡在語言中」，究竟蘊含著哪些寶貴的資訊？

　　關於絕世奇書《冰鑑》的研究、論爭，已持續了百餘年。

無論是對於《冰鑑》本身，還是對於獨樹一幟的曾氏絕學，我們都可以採用一種全新的閱讀方式來征服它。本書力圖透過凝練的文字等多種要素的有機結合，讓讀者輕鬆讀懂《冰鑑》，全方位地解讀曾國藩識人、用人之學。

---

① 1917 年 8 月 23 日，毛澤東致黎錦熙書信。

② 毛澤東《講堂錄》。

目
錄

第五章　鬚眉鑑：鬚眉盡顯男兒本色

【 冰 鑑 新 解 】

一身精神，具乎兩目；一身骨相，具乎面部。

——曾國藩

黃山獅子林

此為獅信峯日出之景雲爾

丙午夏日炳柏

第一章

神骨鑑

骨相察神的識人祕術

察人識人，神骨第一：在內為骨，外現為神

識人觀人，神骨為先。神，主要展現在眼睛上；骨，主要集中在一個人的面孔上。觀察一個人的「神」，可以辨別他的忠奸賢肖。

古代士、農、工、商四等人物，士列第一，士即讀書人。曾國藩以文人帶兵，又多以書生為重要組成分子，本章開門見山，說「文人先觀神骨」，顯示作者把讀書人作為《冰鑑》的主要對象。

曾國藩所強調的「神」，並非我們常說的「精神」一詞，它有比「精神」內涵更廣闊的內容。它是由人的意志、學識、個性、修養、氣質、體能、才幹、地位、社會閱歷等多種因素構成的綜合物，是人的內在精神狀態。一位成功的畫家，對於人物的最好表達，莫過於能夠抓住他（她）的神采，如世界頂級名畫《蒙娜麗莎的微笑》。

讀書到一定程度，「文人」神情上的氣質就會與其他人有所不同，彷彿若有光。在經綸事務中成長，歷經考驗，氣質神態則又會有所不同，這都是「神」的表現。

貌有美醜，膚之色有黑白，但這些都不會影響「神」的外觀。「神」有一種穿透力，能越過人容貌的干擾而表現出來，氣質即是「神」的構成要素之一。

「神」並不能脫離具體的物質事物而憑空單獨存在。骨骼是人體框架的根本支柱。骨之於人體，猶山石之於泥土。泥土脫落流失，但山石巍然屹立，仍足以見其雄壯；人體相貌即使有什麼損傷缺陷，但骨之豐俊神韻不會變化，仍足以判斷人的

顯達。所以說「山騫不崩，唯石為鎮」。

　　「形」是「神」的藏身之處，但又與「神」有著不可分割的關係，「神」需透過形來表現。

　　　《冰鑑》中說：「去掉稻穀的外殼，稻穀的精髓立刻呈現。」這個精髓，就是指一個人的內在精神。「山嶽表面的泥土雖然經常脫落流失，但它卻不會崩倒，因為它的主體部分是堅硬的岩石。」這裡所說的岩石，相當於一個人身上的骨骼。一個人的精神，主要反映在他的一雙眼睛裡；一個人的骨相，主要集中在他的面孔上。觀察別人，既要看他的內在精神狀態，又要考察他的外形。作為文人，則主要看他們的精神狀態和骨骼。好比開門見山，這是鑑人的首要之事。

❈ 一身精神，具乎兩目 ❈

神發自於人的心性品質，集中展現在面部，尤其是一雙眼睛裡。

❖ 何為「骨」

這裡，曾國藩所言的「骨」，並不等同於現代人體解剖學意義上的骨骼，而是專指與「神」相配、能夠傳「神」的那些數量不多的幾塊骨骼。

據說北周時，明帝聽人傳說大臣楊堅有奇異之相，便放心不下地命相士趙昭前去觀看。趙昭便要楊堅除去冠帶，相看他的頭蓋骨。只見楊堅額頭中央微微突起，愈近頭頂愈突出，樣子極像一根肉柱，而且頭頂兩角也各凸出一塊。額頭亦寬闊飽滿，中央有骨隱隱突出，直貫入腦頂。趙昭一看，便知符合相書上的「玉柱貫頂」。加上楊堅神光閃爍，氣象非凡，便知此是真命天子，不可相害。於是，他隱瞞了實情。此後，楊堅果然成為隋朝的開國皇帝。其實楊堅當時權勢顯赫，「震主之勢」已經顯現，趙昭不過是順水推舟，跟骨相術並無多少關係。

❖ 眼睛藏神

一個人的「神」主要集中在一雙眼睛裡，人們常用「雙目炯炯有神」來描述一個人的精力旺盛、機敏幹練。按中醫理論，肝，其華在目，一個人肝有病變，從眼睛就可以看到一些徵兆。如果一個人雙目極有神采，熠熠生輝，表明腎氣旺盛，身體狀況好；而腎虛病人常常精神狀態不佳，缺乏活力。

東晉著名畫家顧愷之畫人像，有時放好幾年都不點眼珠。人們不解其故，他便解釋說，相貌畫得美醜一些都無關大體，要傳達神態，關鍵就在這眼珠上。這種思路源於漢代相學家許負的相術，許負《相法十六篇》云：「一尺之面，不如一寸之眼。」

人的喜、怒、哀、樂、愛、惡、欲、痛等各種感受欲望，甚至智愚忠奸都會從眼睛中流露出來。神與眼睛的關係就像光與太陽。神透過眼睛外現，猶如光從太陽裡放射出來普照萬物，所以曾國藩說：「一身精神，具乎兩目。」心有所動，眼神會流露變化。不論神光內斂或鋒芒外顯，神所傳遞的心性正邪、智慧賢愚，都是掩蓋不了的，一如雲層中的陽光。

觀人的神骨，猶如門外的大山，門既打開，山的面貌自然可見。由此喻人之命運，其優劣高下，不言自明。

❈ 由眼神察知內心 ❈

眼神是心靈之窗，心靈是眼神之源。即使是一瞬即逝的眼神，也能表達豐富的情感和意向。

❖ 古人論眼神

人們常說「眼睛是心靈的窗戶」。眼睛在人的五種感覺器官中是最敏銳的，大概佔感覺領域的 70% 以上，因此被稱「五官之王」。希臘神話中，世人若被怪物三姊妹中的美杜莎看上一眼，立刻就會變成石頭，這是將眼睛的威力神化了。

大哲人孟子是個「眼科大夫」。他認為，光明正大的人，眼神一定端正；喜歡向上看的人，一定傲慢；喜歡向下看的人，會動心思；喜歡斜視的人，可能是心裡有病。司馬光也認為，眼睛藏不住內心的奸惡。眼睛明亮坦率，則表明此人光明正大；眼睛昏暗閃爍，則表明此人心術不正。古代相學認為，眼神貴藏。「藏者，如美玉靈珠，其光蘊蓄，靜中焰光坐久乃見，此為上相，大業之器也。」曾國藩就有這種眼相。據記載：「曾公貌之過人處，眼作三角形，常如欲睡，而絕有光。」這裡「常如欲睡」，是指曾國藩的眼神平時藏而不露，似乎昏昏欲睡，仔細觀察才發現曾國藩眼有「真光」，半隱半藏如琉璃之晃亮。

❖ 觀目實踐

曾國藩觀相識人，首先抓住人物的眼睛這個關鍵點。如：「目有精光，三道分明」、「眼黃有神光」、「目有精光數道」、「眼有清光」、「眼無神光」、「目不妄動，為可靠」、「目

精光而動，……不甚可靠」。他的相術實踐不僅清末諸家筆記屢有記載，而且亦頻見於曾氏《日記》之中。

陳青雲：先充為字號勇，在金鵝山打仗。……眼圓而動，不甚可靠。

陳品南：老三營湘旗旗長。挺拔，有靜氣。

喻科癸：平江親兵百長。年二十四歲。滿面堆笑，可愛。矮而精明。

黎以成：寧鄉人。四年，魯家壋入營，神昏。

莫有升：長沙人，年二十九歲。南勇、劉培元營內哨官。眼圓人滑。

顯然，曾國藩對上述五人有褒有貶，其中「挺拔，有靜氣」、「矮而精明」者或可提拔重用；而「眼圓人滑」、「眼圓而動，不甚可靠」、「神昏」者皆不宜委以重任。

❖ 觀人祕法

可靠者	不可靠者
挺拔，有靜氣	眼無神光
目不妄動	目精光而動
眼黃有神光	眼圓人滑
目有精光數道	眼圓而動
眼有清光	神昏

❖ 眼睛的語言

眼睛之所以能傳神，實際上是透過瞳孔的擴大和縮小、眼球的轉動、眼皮的張合程度以及目光凝視來展現的。

常見的瞳孔語言為：在表示反感和仇恨時，瞳孔縮小，還

露出刺人的目光。相反地，睜大眼睛則表示具有同情心和懷有極大的興趣，還表明贊同和好感。恐慌或興奮激動時，會使瞳孔擴大到平常的四倍。

眼球的轉動也可以顯示正在進行的思考活動。如兩人交談時眼球比較穩定、很少轉動，說明他態度誠懇；如果目光游移閃爍，說明他暗藏打算。

眼皮的張合程度一般能反映出人的精神狀態。沮喪懊惱會使人眼皮下垂，與人交談半閉雙眼是輕狂傲慢、目中無人的表現。

眼睛所能運用的最重要的技巧就是凝視。陌生人之間應盡量避免互相盯視，對敵人怒目凝視展現的是威嚴，朋友之間的凝視所表達的內容就更豐富了。

❖ 眼睛類型

從社會調查經驗看，可以做出如下概括：

1. 兩眼對稱，外形穩定，與面部其他器官配合較為和諧。

這種人做事情中規中矩，往往是一個成功者。

2. 眼窩深陷，眼球四周看起來有較大的凹陷空間。

這種人智慮比較深沉，所經歷的挫折也會接連不斷。一些偉人就很符合這種特質。

3. 眼球外凸，眼睛大而明亮。

這種人智商很高，個性強；目光顯露天真無邪的性格，其人緣較好。目光比較敏銳，屬於能力強的領導型人才，往往能夠運用手腕控制局勢。袁世凱就是這種特徵，外國記者評論說：「他有一雙智慧而又充滿魅力的眼睛。」李鴻章則讚之為「當今之世，無出其右者」，也就不足為怪了。

4. 眼睛偏小，眼瞼外部下走，眼白較多。

這種人心思細膩、變化多端，不易把握；做事往往不循常規；交朋友時會顯得比較功利。

5．有眼袋，眼角上翹者。

這種人有著較好的異性緣，常常能夠獲得長輩的欣賞，成人化的過程較快，能迅速適應環境，和周圍的人打成一片。

從眼睛還可以看出一個人的精神狀態：一個健康、精力充沛的人，他的眼睛通常是明亮有神的，而且眼睛轉動靈活機警，眼光清晰且濕潤有水光；一個疲勞的人，眼睛就會顯得乏力無味、目光呆滯、眼光渾濁；一個樂觀的人其眼睛通常充滿笑容、善意十足；一個消極的人則往往眼睛下拉，不敢正視別人的眼光。

細辨奸邪與忠直，清濁邪正之辨

目為精神游息之宮，觀目可知善惡清濁。

目中的「神」，有清與濁之分。比如，青少年與在社會上歷練多年的人相較，眼神是明亮清澈，沒有雜念的，而後者則變得老練世故，缺少那種清澈。曾國藩指出，「清」又分為邪與正兩種。人聰明智慧，但不意味著品行高尚，這就要從「神」之邪正中來區別。

一次，曹操派刺客去見劉備，刺客佯裝與劉備討論削弱魏國的策略，分析極佳。這時，諸葛亮進來，刺客便託辭上廁所。劉備大讚客人，諸葛亮卻見此人神情畏懼，視線低而時時露出忤逆之意，推測他是個刺客。劉備連忙派人去追，刺客卻已跳牆逃走了。

生活中，常有那些儀表不俗、城府深沉之輩，想一眼識破他的行徑，就比較困難了。西漢末的王莽就十分善於偽裝，表面上樸素謙恭、輕財好施，名聲極佳。大司空彭宣看到他之後，告訴兒子，王莽神清而朗，氣很足，其人聰明俊逸，但眼神中帶有邪狹之色，專權後可能要壞事。於是堅決辭職返鄉。果然，為了稱帝，王莽逼兒子自刎，且毒殺漢平帝，無所不為。

熟知了神有餘與神不足的區別，就容易判斷一個人的生命力、行動力、意志力和思考力。察神不是一個靜態的過程，除了觀察眼光清瑩渾濁外，還要結合舉止、言語，才不會有偏差。

冰鑑新解

　　《冰鑑》認為：文人在論述人的「神」時，一般分為清澈與渾濁。這比較容易區別，但精神的奸邪與忠直則不容易分辨。要考察一個人，應先看他處於動靜兩種狀態下的表現。

　　處於靜態時，如蚌含珠般的沉靜，目光清明沉穩，旁若無人；處於動態時，如春木抽出新芽，眼神宛如射出的箭直奔目標。以上兩種神情，澄明清澈，屬於純正的神情。

　　處於靜態時，如螢火之光，微弱而閃爍；處於動態時，有如流動之水，雖澄清卻游移。這兩種神情，是虛偽矯飾而奸心內萌。處於靜態時，似醒非醒；處於動態時，像驚鹿一樣惶惶。此兩種神情，反映此人雖有才智，卻不循正道。具有前一類神情者多不成器，具有後一類神情者則是含而不發之人。這兩者混雜在清澈的神情之中，是觀神時必須仔細加以辨別的。

欲查德行則觀動靜

有動必有靜，靜後必是動。考察一個人，應看他處於動靜兩種狀態下的表現。

❖ 動靜結合鑑人

動與靜的結合，是中國古代哲學方法論的一個顯著特點。靜態判斷，必然會有失偏頗。動靜結合，則能提高評判的正確性。曾國藩善於識人、用賢的一些判斷根據，往往是靜態判斷，如「六府高強，一生富足」；一些具體判斷，往往是動態判斷，如「氣濁神枯，必是貧窮之漢」，而如「目國無神，縱鼻梁高而命亦促」，則是二者的結合。「動」，這裡是指眼睛視人觀物時的狀態；「靜」，指目光暫時靜止、不視人觀物時的狀態。

戰國四公子之一的平原君趙勝很會看相。他在澠池之會上觀察秦將白起的瞳仁和眼神，判斷他的性格剛強但暴躁，「可也持久，難與爭鋒」，從而制訂正確的作戰策略。

淮軍建立之初，李鴻章帶了三個人去拜見曾國藩，恰好曾國藩出外飯後散步。待他回來，李鴻章請求傳見那三個人。曾氏說不必，李驚問其故。曾國藩解釋，第一個人低頭不敢仰視，必是一位嚴謹細緻、老成厚重之人，可任一般官職；第二個表面恭敬，正視不亂，背地裡卻左顧右盼，必是陽奉陰違之人，不可任用；另一個始終挺拔而立、器宇軒昂、目光凜然，是位大將之才。這位「大將之才」，便是日後立下赫赫戰功，並官至台灣巡撫的淮軍勇將劉銘傳。

❖ 眼光需正

眼神游移、浮動、散亂都不好。那麼，什麼樣的眼光才是好的呢？曾國藩認為眼光要露出金光。在生活中，我們可以看到有的人眼光很晶亮，有的人眼光就比較分散。還有一種眼光比較好，就是正色，就是眼光的視線是正色的。雖然不一定很光亮，很有神采，但如果是正色的，也是好的。

曾國藩在接見下屬的時候，他會很注意觀察這人的眼睛。凡是神色安定的，他都會有好的評語。對於那些眼光游移、青白的，他都認為不能賦予大任。這就是「邪正看鼻眼」。

成熟的人善於控制自己，即便不喜歡對方，也不會輕易地做出輕視、鄙夷的神情。而且你的眼神如果展示出一種落落大方、親和友善的風度，也容易受到尊重和歡迎。

❀ 曾國藩與相學 ❀

　　相學，又稱人相學，是以人的面貌、骨骼、氣色、體態等推測吉凶禍福、貴賤夭壽的相面之術，在中國有著悠久的歷史。

❖ 相學沿革

　　相學最早可追溯到西元前七世紀的春秋之際。據《左傳》記載，公孫敖請叔服給兩個兒子看相，叔服說他的兒子谷地閣（即下頷）豐滿，晚年運氣好，子孫興旺。戰國時，相術有了進一步發展，相術家有唐舉、尉繚等人。

　　兩漢時期，僅劉邦一家看相的事蹟《史記》就有詳細記載。發跡顯達之人，如丞相周亞夫、長平侯衛青、吳王濞等，都有命相故事傳世。東漢時連皇宮挑選嬪妃、采女都須經相士過目。此時相學理論體系初步建立，《漢書》載有《相人》，僅女相士許負就著有相書《德器歌》、《五宮雜記》諸種。

　　魏晉時期，相學得到進一步發展。在《三國志》中我們就能常常看到許多相學人物事蹟，如管輅、朱建平、柳無景等。隋唐時，看相成為重要的職業，相學家有袁天罡、龍復本、夏榮、丁重、劉思禮、袁客師等。

　　到了宋代，相學家主要有陳摶、麻衣道者等，相書有《月波洞中記》、《玉管神照局》、《麻衣相法》等。明代時，看相風氣發展到巔峰。相學名家有劉伯溫、僧如蘭、張田、袁珙與袁忠徹父子。著作有《永樂百問》、《柳莊相法》、《人相大成》等。清代相學得到了更大的發展，著作主要有范文園的

《水鏡集》、雲谷山人的《鐵關刀》、棲霞山人的《金鉸剪》、白峰禪師的《靈山祕葉》、陳釗的《相理衡真》等。

❖ 《冰鑑》與「文士派」

　　民間流傳的相學是靜態考察，易流於機械主義，而且宣揚命運天授思想，人的富貴榮華，僅憑相貌來定，難免流於迷信。而曾國藩觀人鑑人，目的都是為了選賢任能，他摒棄了江湖中那種重形輕神、重奇輕常、重術輕理的俗習。《冰鑑》重神而兼顧形，重常而辨別奇，重理而指導術，從整體出發，就相論人，就神論人，從靜態中把握人的本質，從動態中觀察人的歸宿。講究均衡與對稱、相稱與相合、中和與適度、和諧與協調、主次與取合等等，是我國古代專論文人的理論著述之一，被稱為「書房派」，亦稱「文士派」。這樣的思想才是考察人物、鑑別人才的正道，今天的領導者要善於從中吸取經驗，領會其精髓。

察探隱伏的精神，精神狀態支配你

> 觀人識人，可由其情態舉止，察探其隱伏在內的精神氣質，判斷其心靈深處的活動。

《冰鑑》：「凡精神，抖擻時易見，斷續處難見。斷者出處斷，續者閉處續。道家所謂收拾入門之說，不了處，看其脫略；做了處，看其針線。」

「脫略」和「針線」這兩種精神狀態，實際上都存在於人的內心，但是只要其稍微向外一流露，它立刻會變為情態，而情態是比較容易觀察的。

常言道：「三分實力，七分士氣。」這「士氣」就是一種精神狀態。「士氣」旺盛，精神狀態好，爆發力就強，就能平添許多力量；如果萎靡不振、情緒低落，那只會影響正常實力的發揮，甚至形成一種無形的阻力。在體育競技場上，勝利只屬於有良好精神狀態的運動員。我們做任何事都離不開良好的精神狀態。

人的精神狀態又有兩種展現方式，一是自然流露，一是勉為抖擻。換言之即是真流露和假振作。經驗豐富的人，能較容易地看出他人是情真意切，還是故意造作。儘管人的情感和精神狀態有不同的表現，可能會給辨別「神」的真假帶來干擾，但綜合人的各種言語行止表現，完全可以察看「神」之真假的。

項羽初次見到一統中原的秦始皇時，大聲嘆曰：「彼可取而代之。」可見項羽的真性情、真個性——樸直坦率而又大膽或「莽撞」。而劉邦見到秦始皇時，則說：「大丈夫當如此也」。兩人的話語神情不一樣，但從中卻真實地表明他們的內心活動

和個性，劉邦與項羽相比，就要含蓄婉轉得多。

❖ 看內在精神

要分辨一個人的能力和前程，相貌外形是靠不住的。文天祥是一個很俊美的人，身材魁梧，厚背圓腰，秀目長眉，雖為狀元書生，但不失英雄氣概。王安石是一個不修邊幅的人，衣服一月不洗，身上還有蝨子，眼睛裡白多黑少，至少算不上英俊，但他們同樣流芳百世。因此，從外表察人，主要考察精神。

太平天國裡的南王馮雲山會相術，他相中了洪秀全有異相，並且篤信之，然則他卻無法相中自己，竟然出師不久即命喪。曾國藩也頗會相術，但他的相術有其深厚的文化根基，自有另一種精神在裡面。他打比方說：「不了處看其脫略，做了處看其針線。」就是說，事情尚未做完，可看一個人的心態；事情做完了，不能光看結果，還要看其所用的方法和手段。這樣方才識得良才。就好比女紅，其活是精是粗，寄託著一個女人的心思和精神在裡面。

「小心者」心性志氣很高，但容易氣餒，難以承受多次失敗的考驗；「大膽者」如果粗枝大葉，即便把事做成功了，也會漏掉重要細節，反而是一種無形的失敗；膽大心細的人，則會在勇往直前時，密切注意事物的細微變化，從而保證各個環節都不出差錯。能夠從大小兩方面仔細考察一個人，就不容易出現偏差。

❖ 精神需充沛

英國首相邱吉爾也以精力旺盛、鬥志十足著稱。他說：「我想要做什麼，就一定能成功。」面對競選失敗，甚至二次世界大戰期間的困境時，他泰然自若，被英國人稱為「快樂的首相」。

第一章 神骨鑑 骨相察神的識人祕術

他嚴格按照生理時鐘生活，德國法西斯對倫敦瘋狂轟炸時，有人發現邱吉爾坐在地下室裡織毛衣。這是他特有的一種休息方式。

生活中，有的人一旦有所成就，便自命不凡。而一旦遇到困厄，則一蹶不振。這是精神欠佳的表現。時時自省、自勵，能抵抗誘惑；有才氣，卻無傲氣；有百折不撓的毅力和勇氣，始終呈現一種良好的精神狀態。這樣的英才，領導者怎會不青睞呢？

《冰鑑》認為：一般來說，人的精神狀態在振作時比較容易觀察，處於沒有振作與振作的間隔時則難以觀察。故意振作的精神，難以堅持很久，而自然流露出來的精神，則後繼有力，故能持久。道家有所謂「收拾入門」（養氣煉性的術語，主無雜念、精心修煉的狀態，如同清理好門外的東西入室）之說，用於觀「神」，要領是：尚未「收拾」（即雜念未去），要著重看人的輕慢不拘；已經「收拾入門」，則要著重看人的精細周密。

小心謹慎的人，要從他有雜念時去看他。若他的舉動疏忽大意，好像漫不經心，這就是所謂的輕慢不拘。

對於性情豪放率直的人，要從他靜心無雜念時去看他。若他的舉動周密，一絲不苟，這就是所謂的精細周密。

英才雄才各具其神

英雄是成功者的典型代表。三國時劉劭認為，英雄是由「英才」的聰、明、智和「雄才」的力、勇、膽六種要素組成的。然而要有所成就，二者必須相容。

❖ 捉刀英雄

《世說新語》中有一個「捉刀」的典故。匈奴曾派使者訪魏，曹操因自己個子矮小，其貌不揚，怕影響魏國的尊嚴，便讓崔琰代替自己接見使者。自己則扮成衛士，持刀於側。據記載，崔琰「眉目疏朗，鬚長四尺，甚有威重」。接見之後，曹操派人去打探，使者表示：「魏王（指假扮者崔琰）雅望非常，然床頭捉刀者（指曹操本人），此乃英雄也」。曹操覺得此使者太過聰明，就派人殺掉了他。可見，英雄總有英雄的神采、風度，這種本色和風度不是靠長相、身體所能替代的。

❖ 英才、雄才

古人認為，英，就是智慧超群；雄，就是膽略過人。這是對「英雄」大致上的定義。英才若沒有雄才的膽力，其主張就不能推行；雄才若沒有英才的智慧，其事情就不能辦成。歷史上張良這樣的人可算是「英」的代表，而韓信則是「雄」的典型。「故英可以為相，雄可以為將」，只有英、雄兼備的人才能為王。

楚霸王項羽英才的成分相對較少，剛愎自用，非但不能重用謀士范增，而且陳平、韓信等英才亦紛紛轉投劉邦，因此他雖然能在三年之內威服秦國諸侯，然而僅維持五年，終落得一

個烏江自刎的悲劇下場。

至於劉邦，英才成分則相對比較多，他曾大宴群臣，問他為何能夠奪取天下？項羽又為何會失掉天下？群臣所說不一，最後劉邦說：「你們只知其一，不知其二。運籌於帷幄之中，決勝於千里之外，我不如子房（張良）；鎮國家、撫百姓、供軍需、給糧餉，我不如蕭何；指揮百萬大軍，戰必勝，攻必克，我不如韓信。這三個人都是人中豪傑，我能有他們，所以得天下。項羽只有一個范增，還不能重用，因此敗在我手中。」這可謂是劉邦對其成功最客觀的評價。

在曾國藩看來，英才以智慧謀劃為主，雄才以膽識武功為主，鮑超便屬於後者。英才不少雄才的膽氣，雄才又不少英才的智慧，這樣的人即使不為人主，也可以創業一方，劉銘傳就屬於這種人。

真英雄必有真精神

曾國藩認為，是真英雄必有真精神。偽裝、做作，都可能被明眼人看穿。

❖ 真名士自風流

滄海橫流，方顯英雄本色。西晉的謝安，在淝水之戰中指揮若定，當捷報傳來，他下棋不輟，一副榮辱不驚的風度。孝武帝軟弱無能，政不己出，全賴謝、王等大臣的忠心輔佐，維持政局平衡。西元373年，權傾朝野的大司馬桓溫來朝見皇帝，時人傳說桓溫要殺王、謝，取司馬氏而代之。王坦之十分害怕，問謝安怎麼辦。謝安神色不變，說晉室存亡決定於這一次的行事，便與王坦之去新亭見桓溫。朝廷百官都排列在道路兩旁拜見桓溫，王坦之嚇出一身冷汗，連朝見用的笏板也拿倒了，謝安卻談笑自若。桓溫見狀，不敢造次，便命士兵退了出去。王坦之原來名望與謝安不相上下，至此，人們莫不稱讚謝安勝於王坦之。

❖ 鑑別英雄

林則徐在巡撫張師誠處任書記官時，有一年過年前，他為巡撫寫了一封拜表賀歲，本來是例行公事，誰知送給張師誠過目時，他卻突然在拜表上改了無關緊要的幾個字，並要林則徐即時再抄正。林則徐趕著回家過年，雖感費解，還是認真抄正了。待到天亮張師誠回來，看了拜表，立即向林則徐作一長揖，說：「從前看你的書法，越到臨尾，越有精神，我心裡就很佩

服了，現在更加相信。我看人不少，都憑這點預卜別人的功名福澤，多數應驗。你將來功名定勝於我，我願將子孫都託付給你。」張師誠名氣不大，但他發現了林則徐，算是人生中最得意的一筆。

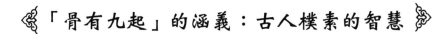

「骨有九起」的涵義：古人樸素的智慧

> 為了在用人之前就能知人，中國五千年歷史的智慧長河中就產生了「相人術」這樣的支流。完全被斥為「封建迷信」、「傳統文化糟粕」，確實有點冤枉。

幾千年來，古人在識人方面累積了豐富的經驗，而這些經驗往往是從對人的外貌舉止的觀察中得出的——這恰如中醫中的「望聞問切」。

古人認為「天人相符」，人的形體實為外界宇宙自然的縮影：頭圓似天，足方似地，眼如日月，聲如雷霆，血脈像江河，骨節像金石，鼻額像山嶽，毛髮像草木。骨為人體的主幹，是人命祿的根本，所以相骨為相術之先，有的甚至乾脆僅憑骨相推測命祿。曾國藩也不例外。

古人指出，頭為五臟之主，百體之宗，頭的形相與人一生命運的關係極大。清陳釗《相理衡真》中說：「頭骨短圓，福祿綿綿。巨鰲入腦，尚書到老。中頭四方，富貴吉昌。燕頷虎頭，威鎮九州。耳聳頭圓，萬頃田園。頭皮寬厚，富貴現在。額尖頭大，夫妻必礙。頭小頸長，貧乏異常。蛇頭屈曲，糟糠不足。男子頭尖，福祿不全。鼠目獐頭，富貴難求。蛇頭平薄，財物寥落。頭大好古，頭小愚魯。額如雞卵，庸俗之黨。頭大無角，腹大無橐，不是農夫，必是屠割。」

漢班固《東觀漢記》載：「班超與人同看相，相者說：『他人皆無富貴之相，唯汝當封萬里之外。燕頷虎頭，正而食肉，此萬里侯之相也。』」後班超出使西域，果以功封定遠侯。王充在《論衡·骨相篇》中列舉了范蠡去越，尉繚亡秦的例子，

說「越王為人，長頸鳥喙，可與共患難，不可與共榮樂」。軍事家尉繚見秦王嬴政高鼻梁、長眼睛，胸部凸出得像鷹，聲音如豺，很少施人恩惠，不可交遊，都是透過骨相掌握對方個性的實證。

> 《冰鑑》認為，九貴骨各有各的姿勢：天庭骨豐隆飽滿；枕骨充實顯露；頭頂骨平正而突兀；佐串骨（即顴骨）像角一樣斜斜而上，直入髮際；太陽骨直線上升；眉骨骨稜顯而不露，隱隱約約像犀角平伏在那裡；鼻骨狀如蘆筍竹芽，挺枝而起；顴骨有力有勢，又不陷不露；後頸骨平伏厚實，又隱顯隱露。看頭部的骨相，主要看天庭、枕骨、太陽骨這三處；看面部的骨相，則主要看眉骨、顴骨這兩處。如果以上五種骨相完美無缺，此人一定是棟樑之材；如果只具備其中的一種，此人便終生不會貧窮；具備兩種，此人便終生不會卑賤；具備三種，此人只要有所作為，就會發達起來；具備四種，此人一定會顯貴。

智慧拓展：不識人才大事難成

電影《天下無賊》中的「賊頭」說：「21 世紀什麼最重要？人才！」這句話以喜劇的形式道出了一條真理——人才永遠是事業成功最重要的資本和基礎。

❖ 尋求一等人才

自古以來，人才難得，欲成就一等事業，必得一等人才。楚漢相爭時，韓信一直得不到項羽的重視，原因就在項羽的為人狂妄。但是，令項羽萬萬沒有想到的是，若干年後，這個曾經讓他瞧不上眼的韓信正是打敗他的人。

歷史上，有眾多出身寒微的人才，都曾被破格提拔。做過廚師的伊尹，被商湯慧眼識英雄，破格提拔為相，使商湯功霸天下。秦國大夫百里奚曾以乞食維生，他原為虞大夫，虞亡時被晉國俘虜，作為陪嫁之臣送入秦國，在秦國餵牛；出走至楚後，又被秦穆公以五張黑羊皮贖回，故號稱「五羊大夫」。公孫支將其薦與秦穆公，穆公認為，委他官職，豈不為天下人恥笑！公孫支說：「舉賢任能，世人都會認為國君您十分英明，臣民順服，又會有什麼人恥笑你呢？」穆公遂用其為大夫。後來，穆公在百里奚的幫助下，將國家治理得越發強大。

上述事例說明，只要是人才，無論其出身如何微賤，都應當委以重用。那種用「有色眼鏡」選才的人，只會使人才外流、人才荒廢。

❖ 缺少的只是伯樂

創造了「文景之治」的漢文帝曾感嘆：「我偏偏得不到廉頗、李牧（戰國後期趙國名將）那樣的人做將軍！有了這樣的將軍，我難道還擔憂匈奴入侵嗎？」明朝的末代皇帝崇禎帝也嘆息自己得不到岳飛這樣的將領。

其實，漢文帝已經擁有廉頗、李牧這樣的人才了，比如魏尚。不過魏尚因為「上報斬殺敵軍首級的數量差了六個」，被漢文帝捉拿下獄。因此，當漢文帝發出人才難得的感嘆時，他的宮廷保衛署署長馮唐便表示：「陛下您即使得到了廉頗、李牧，也不能任用他們」。崇禎帝其實已擁有一位岳飛，那就是袁崇煥。袁崇煥在當時正所謂「國之長城」，清朝開國皇帝努爾哈赤實際上就是死在他手中。不過，崇禎帝中了清朝的反間計，自己把袁崇煥給殺了。

從以上案例分析，人才難得的問題跟如何識別人才、會不會使用人才、能不能信任人才關聯頗大。

❖ 用人高手

曾國藩「知人之鑑，為世所宗，而幕府賓僚，尤極一時之盛」。他的對手石達開對此深為折服，認為曾氏「雖不以善戰名，而能識拔賢將，規劃精嚴」。據記載，曾國藩幕僚已超過四百大關，薛福成也曾把人才分為四大類型：

一類為替曾國藩「治軍事，涉危難，遇事贊劃者」，有李鴻章、劉蓉、李元度、何應祺、郭嵩燾、鄧輔綸、黎庶昌等。

二類為以他事替曾國藩「邂逅入幕，或驟至大用，或甫入旋出，散之四方者」，有左宗棠、彭玉麟、李雲麒、羅萱、李鶴章、李翰章、陳蘭彬等。

三類為「以宿學客戎幕，從容諷議，往來不常，或招致書局，

並不責以公事者」，其中包括吳敏樹、吳喜賓、張裕釗、俞樾、羅汝懷、曹耀湘、趙烈文、錢泰吉、方宗誠、李善蘭、華蘅芳、徐壽、戴望等。

四類是「凡刑名、錢穀、鹽法河工及中外通商諸大端或以大專家成名，下逮一藝一能，各效所長者」，此類人有馮俊光、程國熙、陳文坦、洪汝奎、何源、李士芬等。

不得不承認，曾國藩將以上四種人聚集到自己身邊，確實是一種令後人瞠目的能力，這為他以後的謀事奠定了堅實基礎。

❖ 容人之過

識人、用人的關鍵在於當權者，只有當權者嚴於律己，不任私人，公正無私，才能團結眾多賢才。《管子》提出「無私者容眾」，要求君主切不可有「獨舉」、「約束」、「結紐」這些宗派行為，不可「以爵祿私有愛」，要嚴禁「黨而成群者」。李覯說，國家的統治者必須「無偏無黨」，「循公而滅私」，「天子無私人」，從國家機構中清除那些嫉賢妒能、鑽營利祿、大興宗派、戕害民生的「惡吏」，以改善官民關係。唐太宗曾救下了反對其父李淵的李靖，委以重任；魏徵曾力勸李建成除掉李世民，而太宗即位後卻盡釋前嫌，照樣重用，且平時能「從諫如流」，思己短，知己過，使群臣樂於獻策。

在美國南北戰爭時期，林肯任命了格蘭特將軍為前線總司令。命令一下，舉座皆驚，都說格蘭特脾氣暴躁，好酒貪杯，必會誤事，但林肯力排眾議，還親自送了一馬車酒給格蘭特。因為他深知，只有格蘭特才是運籌帷幄的帥才。結果證明，格蘭特一上任，便成了南北戰爭的轉捩點。林肯任用格蘭特為司令，需要多大的魄力啊！平庸者能嗎？謹小慎微者敢嗎？這是容人之過，用人之長的範例。

選人用人以德為本

有德有才，破格重用；有德無才，培養使用；無德有才，限制使用；無德無才，堅決不用。

❖ 曹操偏重才

德與才之間的關係，自古就爭論不休。到底是德重要還是才重要，在識人用人時，應該以德為標準還是以才為標準呢？

曹操採取的辦法是以才為主，以德為次。他告誡部下，古時候的伊尹，傳說出身低賤，管仲曾是齊桓公的政敵，但國君都重用他們，使國家興盛起來；蕭何、曹參是縣吏出身，韓信、陳平曾有不好的名聲，被人嘲笑過，但他們終能成就大業；吳起為了當大將，殺掉妻子來取得國君的信任，還散盡家產求官做，然而，他在魏國任官時，秦人不敢東侵；他在楚國任相時，三晉不敢向南圖謀。所以，曹操要求，對身負不好名聲，行為被人嘲笑的，或者不仁不孝而有治國用兵本領的人，部下應將各自所知道的都推薦給他，不能有所遺漏。

❖ 德為才之主

《菜根譚》中說，品德是才學才幹的主人，而才學才幹只不過是品德的奴隸。一個人假如只有才學才幹而沒有品德修養，就等於一個家沒有主人而由奴僕當家一樣，這樣哪能不使家中遭受妖魔鬼怪的肆意侵害呢？

唐朝元和年間，東都留守呂元應酷愛下棋。他養有一批食客，誰贏了他一盤，出入可備馬車，如果贏兩盤，可攜帶兒女

來投宿。有一天，呂元應在院中與一門客下棋。正在激戰之際，衛士送來一疊公文，呂元應便拿起筆準備批覆。門客見他低頭批文，便迅速地偷換了一個子。哪知，呂元應看得一清二楚。他批完公文後，繼續與門客下棋。門客最後勝了這盤棋，心中竊喜。第二天，呂元應卻攜來禮品，請這位食客另投門第。其他食客很是詫異。後來，呂元應告誡子孫，那人偷換了一個棋子，自己並不介意，但由此可見他心性卑下，不可深交。

被元世祖稱為「廉孟子」的名臣廉希憲，也把德看得比才重要。有一次，南宋降將、中書左丞劉整前來拜訪，廉希憲十分冷淡，竟沒讓他入座。劉整離開後，有個衣著破舊的南宋秀才拿著詩文來拜見，廉希憲卻很客氣地請其入座，與他談論詩書，並噓寒問暖。事後，弟弟詢問他緣由，廉希憲解釋說：「大臣的舉止進退，關係到天下。劉整的官位雖尊貴，卻是背叛他的國家和君主來歸順的；而南宋秀才並沒有罪過，沒有必要讓他難堪。當今我們的國家是從北方沙漠崛起的，我對這些文人如果不尊重些，儒家的學術從此就將失傳了，這將會影響到國家的統治。」

❖ 曾國藩先看品行

在選人用人方面，曾國藩講究品行，其次才考慮才幹。曾國藩所謂的「德」，涵義十分廣泛，忠誠、勤儉、樸實、耿介、不怕死等等。總體而言，就是政治上忠於自己的信仰與事業，能心甘情願地為之盡心盡力；作風上質樸實在，吃苦耐勞；精神上堅韌不拔，頑強不屈等等。

對那些乏德之人，曾國藩始終是非常警惕的。黃冕有大才幹，但為官貪婪。曾國藩曾委以籌辦糧餉之重任，並經常保舉他。不過，曾國藩始終與這類人保持一定距離。

　　屢屢舉薦下屬，是曾國藩的一大特色。但有三種人曾國藩不願舉薦：一是才高德薄卻名聲不佳之人；二是才德平平，卻升遷太快的人；三是個人不願出仕者。周騰虎剛受到奏保，即遭彈劾，遂致抑鬱而死。曾國藩從此接受這個教訓，其後名聲極壞的金安清在幕中為他出力效命之時，力排眾議，堅持只用其策，不用其人。如惲世臨、郭嵩燾等，皆經曾國藩直接或間接地奏保，於二年之內連升三級，由道員升為巡撫，復因名聲不佳，升遷太快而被降調。曾國藩亦從此學到教訓。

❖ 任人唯賢

　　一位學者根據「人才」德的多寡將其分為三類：德才兼備者稱為「人財」——是財富；有才少德者謂之「人材」——是做好某事的材料；有才缺德者叫作「人豺」——是危害人的豺狗。小人頭腦靈活，善於見風使舵，以自己的才能去矇騙他人，取信上司，危害很大。所以智者寧用中等的「人財」也不能冒險啟用拔尖的「人豺」。

❧ 人貴忠誠 ❧

古人說：「人無忠信，不可立於世」，忠誠作為一種美德，難能可貴。

❖ 失節之恥

春秋時，宋國與鄭國在一次大戰之前，宋國主帥華元殺羊宴請部下，眾人都吃了羊羹，惟獨華元的車夫羊斟沒有。羊斟覺得不公，卻無從發作。待到兩軍對壘之時，羊斟對華元說：「昔之羊羹子為政，今日之事我為政」。意思是當初分羊肉湯時你說了算，今天打仗輪到我說了算了。說罷，催馬把華元乘坐的戰車一直趕到了敵方陣營之中。主帥被俘，宋軍命運可想而知。羊斟因為一碗羊肉湯之小利，竟然忘了「忠」和國之大義，確實可恥可恨。

三國于禁屢立戰功，贏得了曹操的高度評價。然而樊城之戰時，于禁被關羽水淹七軍，兵敗投降。關羽敗於孫權，于禁又隨之被俘虜到東吳。後來，于禁被孫權作為「人情」遣送回魏國。曹丕沒有當面斥責他，卻故意命他去拜見曹操的陵墓，因為陵中有「于禁降服」的圖畫，于禁看後羞愧交加，不久病發而亡。世人歷來是看重名節操守的，尤其是注重晚節，如果晚節不保，那將是最令人遺憾的事情。

❖ 以忠誠為天下倡

北宋名相呂蒙正善於察士知人。有一次，太宗要宰相府推舉一位適當的人選出使遼國。呂蒙正舉薦一個人，太宗卻不同

意。之後幾天，他三次都推薦此人。太宗大發脾氣，將舉薦的公文丟棄在地，當堂責問呂蒙正為何如此頑固不化。呂蒙正回奏：「並非我頑固不化，而是因為這人的能力足以勝任談判之重任，其餘的都不如他。我不願意用諂媚的手段來博取主上的歡心，而危害國家政事。」同朝的大臣都不敢開口，呂蒙正則將公文拾起，收入懷中，下堂而去。太宗退朝之後說：「呂卿的器量之大，是我所不及的。」他終於任用了此人出使遼國，果然很稱職。呂蒙正固執己見，正是忠誠的展現。

對於君主，曾國藩一直很忠誠。他主張軍人要講「血誠」，就是要用生命和鮮血去換取忠誠。曾國藩本人就曾經四次自殺，以保忠名。他要求人才也需「忠」。他對幕僚進行教育，培養他們成才，同時幫助他們升官發財，從而可以更好地為他服務；反過來，幕僚對曾國藩則要絕對的效忠、忠誠。他說：「君子之道，莫大乎以忠誠為天下倡」，「以誠感人者，人以誠而應」。也就是說正人君子要提倡講忠誠，只有你對大家忠誠，大家才會以忠誠對待你。

清濁之道，潔身自好

清與濁是相對應的一組概念，說明人是聰明還是愚笨、智慧還是魯鈍，在評判人的命運時，清者貴，濁者賤。

❖ 人有清濁

水有清濁之分，人有智愚賢不肖之別。古人就用「清」與「濁」來區分人的智愚賢不肖，曾國藩自然也很重視「清濁」。

清，如水的清澈明澄，用在人身上，就是清純、清朗、澄明、無雜質的狀態，常與人的端莊、豁達、睿智、開明風度相配。濁，如水的濁重昏暗，用在人身上就是昏沉、糊塗、駁雜不純的狀態，常與愚笨、庸俗、猥瑣、鄙陋相對應。

正，指忠直；邪，指奸邪。換言之，就是忠臣良士與奸賊佞臣之分。另有介於正邪之間的一類人，這類人應在具體的環境下去區分他（她）是奸邪還是正直，不能一概而論。由於「正」和「邪」都蘊藏在「清」之中，並都以「清」的面目出現，要準確地分辨它們，就是一個比較困難、富於技巧的問題。

❖ 清白處世

做人要如水一樣清白。宋代包拯，宣導「廉者，民之表也，貪者，民之賊也」，為人清正忠厚，被民眾稱為「包青天」。明朝的海瑞，身居要職，不貪不沾，清白做人。

曾國藩崇尚節儉，平日裡也是躬身奉行，他還曾因為穿的衣服縫縫補補太不成體統，而被皇上責怪過。所以當他升任五品時，便咬牙做了一件新官服，花了二兩銀子。但京城還是出

現了諷刺他的民謠：「皇城根兒一大怪，五品頂戴走著來。」原來，曾國藩雖然有了新衣服卻沒有轎子，每天都要走著去翰林院當差。

官也好，民也罷，清白做人大多有好口碑。相反地，那些不能清白做人的人，勢必會落得為世人所不齒的下場。

當然，在一定情況下，因時制宜，靈活地進行變通，是為人處事必不可少的道理，這就像水一樣，以不變應萬變，以隨意應高低之勢。杜甫即有詩：「在山泉水清，出山泉水濁。」當然，做人在原則問題上要「清」，在非原則問題時則不妨變通。一個人就像水一樣，至清則無魚，至濁則發臭，貴在清濁並舉。成大事者更是水一樣做人，容清容濁，容失容得，能容萬物。

知人者智，自知者明

大文學家蘇軾感言：「人之難知，江海不足以喻其深，山谷不足以配其險，浮雲不足以比其變。」的確，人們一直感嘆知人知面不知心，殊不知知人難，知己更難。

❖ 知人之智者

古人云：「智莫大乎知人。」歷史上善於識人的智者屢見不鮮。

春秋時齊國的相國田成子（即田常）想奪取齊簡公的政權，便拉攏大夫隰斯彌。二人曾一起登台遠望，看到三面都視野遼闊，只有南面被隰斯彌家的樹遮蔽了視野。田成子沒有說什麼，隰斯彌回家後，卻立刻派人把樹砍掉，但砍了幾斧之後，隰斯彌又不讓砍。侍從覺得奇怪，隰斯彌解釋說：「了解深淵中的魚是不吉利的。田成子即將有所行動，如果事情重大而我卻表現出預知到的徵兆，那我的處境必定很危險。不砍伐樹木還不會獲罪，預知到別人將要做的事，罪就大了。適時地裝傻，既能有效地保護自我，又能從容地觀察形勢。」

《三國志》記載：趙雲，本在公孫瓚麾下，後隨劉備。曹操南下荊州，劉備兵敗於長坂坡，棄妻子南走。有人說趙雲已向北逃了，劉備不信。不久，趙雲懷抱劉備的兒子阿斗，並保護劉備的妻子甘夫人一起歸來。在兵敗勢窮之際，背主而逃是常有之事，而劉備卻堅信趙雲不背己，是因為他深知趙雲是個忠義之士。

❖ 人貴自知

識人固然重要，自知也不容忽略。先賢老子說：「識人者智，自知者明。」無獨有偶，在古希臘戴勒菲的阿波羅神廟前殿的牆上即刻有一句「神諭」——認識你自己。

唐太宗曾問大臣王珪，你善於鑑別人才，不妨從房玄齡等人開始，評比一下他們和你的優缺點。王珪說：「孜孜不倦地辦公，一心為國操勞，在這方面我比不上房玄齡；常常留心向皇上直言建議，我比不上魏徵；文武全才，既可以在外帶兵打仗做將軍，又可以進入朝廷負責管理事務、擔任宰相，我比不上李靖；向皇上報告國家公務，詳細明瞭，宣布皇上的命令或者轉達下屬官員的呈報，能公平公正，我不如溫彥博；處理繁重的事務，解決難題，辦事井井有條，我比不上戴冑；至於批評貪官污吏，表揚清正廉明，嫉惡如仇，好善喜樂，我略有所長。」太宗和大臣們都非常贊同他的話。

❀ 走出識人用人的盲點 ❀

> 只有正確認識人，才能合理地使用人，發揮人的聰明才智。

❖ 明君之失誤

漢武帝劉徹善於用人，但他也犯過「愛屋及烏」、「喜新厭舊」和「卸磨殺驢」的錯誤。他寵愛衛子夫，不僅馬上立為皇后，其弟衛青也從一個騎奴躍升為大將軍，還封了衛青三個尚在襁褓中的兒子為侯。然而當他轉寵李夫人後，其兄李廣利就成了當朝第一號將軍。相反地，當衛子夫失寵、衛青功高震主時，劉徹熱捧「新人」霍去病，將大將軍衛青壓制不用長達十多年，而且相繼奪取衛青三個兒子的封爵！雖然毫無過錯、忍辱負重一輩子的衛青，勉強得以善終，但其他「得力」的功臣，可就沒有這麼幸運了。

康熙帝深知知人之不易，更知用人之難。唯其如此，他在這兩方面都細心體察、慎之又慎。如三藩之亂中，鄭經曾與耿精忠合謀進攻廣東，耿藩降清後，鄭經仍舊糾合舊部騷擾沿海一帶，燒殺搶掠。康熙知道姚啟聖了解東南沿海的情況，且能擔大任，便起用姚啟聖征討鄭經，率兵收復台灣。姚啟聖上任後，與地方官員和各路軍隊通力合作，大敗鄭軍主力。同時採取招撫政策，先後大約有十三萬鄭氏官兵歸順清廷。後來，權臣明珠等人有意中傷，康熙帝在從未召見姚啟聖的情況下，竟信之不疑。姚啟聖屢遭譴責，心情悲憤，疽病復發而終。

第一章　神骨鑑　骨相察神的識人祕術

❖ 帶有偏見

防止和克服一葉障目問題的發生，更要有公正眼光，也就是要謹防偏見。第二次世界大戰前夕，法國仍然信守消極防禦戰略，苦心經營「馬其諾防線」。戴高樂長期作為法國元帥貝當的幕僚，先後出版了《劍刃》、《建立職業軍》等書，認為未來的戰爭必將是大規模的機械化作戰。當時的國防部長莫蘭將軍卻公開反對，貝當雖一向器重戴高樂，但也把他的理論當成「玩笑」。售價只有 15 法郎的《建立職業軍》在法國僅售出750 本。而納粹將軍古德里安卻把戴高樂的思想與自己的主張糅合在一起，形成了自己的裝甲師編制和坦克戰術。1940 年 5 月10 日，古德里安的第 19 裝甲軍突擊阿登山區，10 天後抵達英吉利海峽，把法國一分為二。一個月後，號稱擁有世界上最強大陸軍的法國，被迫投降。後來，有人說，德國人贏得戰爭只花了 15 個法郎。一個英才，不為上司重用，卻被敵人認真研究學習，實在令人感慨。

❀ 知人善用，各就其位 ❀

　　能夠知人善用，「讓合適的人在合適的位置上」，天下就不會有人被遺棄和埋沒了，就可以做到人盡其才，物盡其用了。

❖ 知人善任

　　清代一位詩人說：「駿馬能歷險，犁田莫如牛；堅車能載重，渡河不如舟。」每個人都有可用之才，只要用得適當，就可讓其發揮最大作用。

　　劉邦的用人原則之一，就是用人唯賢。他既看到每一個人的長處，也深知每人的弱點。劉邦晚年和諸將臣的「白馬之盟」，顯然是看出呂后有篡權的野心。結果劉邦死後，呂氏要篡朝，陳平、周勃，一舉誅諸呂，扶劉邦兒子漢文帝劉恆繼承劉邦所創的大漢基業。另外在封其侄劉濞時，劉邦就看出了劉濞的「反骨」，諄諄告誡。事實證明，後來在東方真的發生了以吳王劉濞為首的七國之亂。和劉邦用人完全相反的是項羽，他任人唯親，「其所任愛，非諸項，即妻之昆弟」，致使部下的能人如陳平、韓信、彭越、叔孫通等，皆陸續離開他投奔劉邦。

❖ 人盡其職

　　知人善任、唯才所宜，就要做到人盡其職。比如曹操手下的崔琰和毛玠，作風正派，清正廉明，曹操就讓他們去選拔官員，果然他們兩個選拔推薦上來的人才都是德才兼備者。再比方說棗祗和任峻這兩個人，他們任勞任怨，曹操就讓他們去屯

田，結果屯田制得到了落實，曹操獲得了豐厚的糧草和經濟基礎。

曾國藩的成功之道其關鍵就在於知人善用。對於前來投靠的人，曾國藩認為可用的，先發給少量的薪資，把他們安頓在幕府，然後一一觀察，再根據具體情況，保以官職，委以重任。

李嘉誠在談到用人心得時，曾生動地說：「知人善任，大多數人都會有部分長處，部分短處，就好像大象食量以斗計，蟻卻一小勺便足夠。各盡所能，各取所需，以量材而用為原則。」「就如在戰場，每個戰鬥單位都有其作用，而主帥卻未必對每一種武器的操作都比士兵純熟，但最重要的是統帥亦十分清楚每種武器及每支部隊所能發揮的作用。」對於人才，最好的不一定適合自己，而適合自己的一定是最好的。

❧ 用人不拘一格 ❧

在中國幾千年的歷史進程中，選人用人大都講究論資歷排輩分，講究「輪流坐莊」，講究一級一級「進階」，這大大禁錮了英才的手腳。

❖ 孟嘗君、漢武帝識人

識人用人最忌按文憑、經驗等框框取才。戰國的孟嘗君，善納賢才，有一技之長者甚至犯罪逃亡的人，都爭相歸附。他的食客多達幾千人。他被秦王滯留後，一名門客潛入秦宮，盜取稀世之寶狐白裘，獻給秦王寵姬。寵姬乃向秦王美言，放歸孟嘗君。秦王繼而後悔，遣人追緝。孟嘗君連夜潛逃，城門卻緊閉。一位門客模仿雞叫，引起群雞共鳴，守關士卒便打開城門，孟嘗君因此脫險。這些雞鳴狗盜之徒，卻派上了大用場。

漢武帝即位後，不拘一格廣招人才：衛青，出身只是一個騎奴（為武帝的姐姐平陽公主駕車），而霍去病成為將軍時才二十歲。

同時，武帝還注重引進外來人才，正是原匈奴小王趙信給漢朝騎兵帶來了先進的戰術；正是俘獲的大單于的弟弟，引進匈奴種馬來改良馬匹，而且進行了創新，用粟米餵馬，從而扭轉了漢朝在戰馬上的劣勢。另有地方官吏出身的汲黯和韓安國、出身貧寒的朱買臣和主父偃……都被一一破格提拔。難怪《漢書》中稱，「漢之得人，於茲為盛」。

❖ 攬才不拘一格

曾國藩選用人才，往往也大膽錄用，不拘一格。同治四年（1865），他主持江南鄉試時，收到無錫落榜秀才薛福成呈送的治理兩江方略《上曾侯書》。薛福成提出「養人才、廣墾田、興屯改」等八項建議，全篇條理清楚，文筆流暢，曾國藩大為嘉許。他得知薛福成具有改革內政外交的真才實學，因而不嫌薛福成不善八股文，只是一個落第秀才，當即攬其入幕。此後，薛不負所望，跟隨曾國藩南征北戰，後出任駐英、法、意、比四國公使，以其所撰寫的政論、奏疏等，被公認為當世談時務的巨擘。

湘軍名將塔齊布本為不起眼的下級軍官，但他練兵認真，黎明即起，後得到曾氏大力提拔。早期湘軍第二號人物羅澤南「貌素不揚，目又短視」，卻被曾氏稱為奇才。曾國藩還廣交友朋，每與人通信、交談，常懇求對方推薦人才，故幕中經推薦入幕的人甚多。

第二章　剛柔鑑

長短互補，剛柔相濟

剛柔之辨：五行消長的狀態

> 曾國藩認為，「神骨」為識人之本，有本才會有種子，
> 因此提出「剛柔」是識人的「先天種子」。

「辨剛柔」，方可入道。「剛柔，則五行生剋之數。」剛
柔和五行有什麼關聯呢？五行學說是我國古代先哲獨創的，它
認為世界是由木、火、土、金、水五種最基本的物質組成的，
自然界的各種事物和現象（包括人在內）的發展變化，都是這
五種不同屬性的物質不斷變化和相互作用的結果。

【金的特性】：古人稱「金曰從革」。「從革」是指「變革」，
引申為具有清潔、收斂等作用的事物，均歸屬於金。

【木的特性】：古人稱「木曰曲直」，實際是指樹木的生
長形態，引申為具有生長、生發、條達舒暢等作用或性質的事
物，均歸屬於木。

【水的特性】：古人稱「水曰潤下」，是指水具有滋潤和
向下的特性。引申為具有寒涼、滋潤、向下運行的事物，均歸
屬於水。

【火的特性】：古人稱「火曰炎上」，是指火具有溫熱、
上升的特性。因而引申為具有溫熱、升騰作用的事物，均歸屬
於火。

【土的特性】：古人稱「土爰稼穡」，是指土有種植和收
穫農作物的作用。因而引申為具有生化、承載、受納作用的事
物，均歸屬於土。故有「土載四行」和「土為萬物之母」之說。

相生，是指事物的相互促進、助長的關係；相剋，指的是
事物的相互克制、制約或抑制的關係。五行相生的次序是：木

生火，火生土，土生金，金生水，水生木。五行相剋的次序是：木剋土，土剋水，水剋火，火剋金，金剋木。

五行相生相剋，推動事物的發展變化。如果人觀五行中的某一「行」不足，其他部位都可以加以彌補；如果一「行」有餘，其他部位卻可以加以削弱。這就是比較中和平衡的「剛柔相濟」。比如說，如果眼睛的形或神不足，而耳朵的神和形卻有餘，那麼耳朵的佳相就可以彌補眼睛的不足，反之亦然。

《冰鑑》認為，已經鑑識神骨之後，應當進一步辨別剛柔。剛柔是五行生剋的道理，道家叫做「先天種子」，不足的增補它，有餘的消洩它，使之剛柔平衡，五行如諧，盈虛損益與人的命運相通，這是在對比中就能很容易發現的資訊。

❀ 剛柔相濟，成就偉業 ❀

> 曾國藩剛柔、方圓兼濟的個性不是天生的，而是經過讀書並在實踐中錘鍊而得。

❖ 過剛易折

《論語》中說：「君子三變，望之儼然，即之也溫，聽其言也厲。」意為做人要剛柔結合，把握好一個度。能剛能柔，一直是從古至今人們所追求的一種至高境界。莊子在〈山木〉中講到，東海有一隻名叫「意怠」的鳥，這種鳥非常柔弱，總是在鳥群中苟生，飛行時牠既不敢飛行在鳥隊的前邊，也不敢飛到鳥隊的後邊；吃食的時候也不爭先，只揀其他鳥吃剩的殘食。所以，牠既不受鳥群以外的傷害，也不引起鳥群以內的排斥，終日優哉遊哉，遠離禍患。柔，並不是卑弱和不剛，而是一種魅力，一種處世的方法。

古往今來，有多少功臣名將由於過「剛」而遭遇不幸。關龍逄、比干由於剛直不阿，直言進諫，而慘遭夏桀和商紂的殺戮；海瑞由於秉性耿直乏柔而一生坎坷不受重用。在曾國藩看來，柔是手段，剛是目的，以退為進，以柔克剛，實現真正的自立自強，這才是柔的實質。

❖ 剛柔並施

歷朝歷代的政變事件屢見不鮮。「陳橋兵變，黃袍加身」便是由後周禁軍最高統帥趙匡胤發起的一次成功的政變，兵不血刃而登上帝位。他對待權臣也是剛柔並濟、懷柔安撫，以一

招高明的「杯酒釋兵權」輕鬆地解決了軍權問題，這是前無古人的。對於荊湖、後蜀、南漢、南唐等割據政權，趙匡胤採取的是剛柔相濟、軟硬兼施的政策，他各個擊破；而對於投降的國主，都給他們封以有名無實的高官，換來國家的統一。

　　另外，根據考證，密摺制度始於順治，推行於康熙，而大盛於雍正。雍正剛登基，便下了一道收繳前朝密摺的諭旨。終康熙一朝密奏者只有百餘人，而雍正朝卻多達一千一百多名。奏摺的內容上自軍國重務，下至身邊瑣事，無所不包。雍正朝的密摺不但用來陳事，還用來薦人，對官員的任用、陟黜極為留意。雍正給官員授權，允許越境奏事；可以越級監視，上下牽制。透過密摺治國，雍正把政府機構牢牢握於手心。而他駕馭臣子尤其擅長恩威並施，他的密摺朱批，嘻笑怒罵，極有個性，時而威嚴，時而親密，令臣子甘心效忠。

由五行觀人：五行形相

五行之氣貴在中和之美，即相互平衡，相得益彰。

　　古人常以陰陽剛柔及五行學說來品鑑人物，以五行的和諧來觀察人生的順逆發展與變化過程，有其合理之處。比如金旺，所謂物極必反，剛極易折，則用水來洩金之旺；如水太弱，不足以濟事，則用金來生水，助其弱勢。這種總體觀念，可克服「只見樹木，不見森林」的片面觀點。在運用「不足用補，用餘用洩」時，應遵循事物圓虛消長之理——即陰陽均衡、剛柔相濟、五行和諧統一的規律。

　　古人依照長相、形體，將人歸類為五種：

　　【金形之人】：較消瘦，骨態較露，關節凸出。頭、肩、腹、手、腳都較小。從五官看，臉型偏方，膚色較白。個性較強悍，多心急，能當機立斷。金主肅殺，嚴而有威，金形之人多為官將之材。

　　【木形之人】：身材多挺直瘦長，頭較小，身背較寬。手足也小，皮膚略青。木形之人屬於勞碌型，命中多操勞，有任勞任怨之佳行。

　　【水形之人】：肩小，腰腹大。喜動不喜靜。走路時，身體易晃動，手足都較大，腰身長而靠下。此種人皮膚較黑，心、體均較弱，極易隨波逐流，缺乏自信，需人扶植。適合勞心而不適合於勞力，即使勞心，也要適度。

　　【火形之人】：面尖頭小，肩背寬，身體強壯，手足也較小。膚色偏紅。脾氣易暴躁，不重視錢財，變化無常，信用較差，能從全面考慮問題，但缺乏做的勇氣，耐力較差。

【土形之人】：肩寬背厚，腹肉飽滿，四肢勻稱。土形人臉圓頭大，膚色較黃。此種人心性溫和，不喜歡趨炎附勢，也不弄權玩勢。

《冰鑑》認為：五行之間的關係稱為「合」，而「合」又有順合與逆合之分，如木生火、水生木、金生水、土生金、火生土，這種輾轉相生就是順合。順合之相中多富，但總是浮沉升降，難於持久。金仇火，但有時火與金又相輔相成，如金無火煉不成器的道理一樣，類而推之，水與土等等之間的關係也都是如此，這就是逆合，這種逆合之相非常高貴。然而在上述的逆合之相中，如果是金形人帶有火形之相，便非常高貴；相反地，如果是火形人帶有金形之相，那麼到了三十歲就會死亡；水形人帶有土形之相，便會非常高貴，相反地，如果是土形人帶有水形之相，就會一輩子孤寡無依；木形人帶有金形之相，便會非常高貴，相反地，如果是金形人帶有木形之相，那麼就會有刀劍殺身之禍。至於除此之外的那些牽強附會的說法，都是沒有根據、胡亂湊數的模式，不能歸入文人論相的正宗理論。

❧ 因才用人善驅馳 ❧

《孫子兵法》指出，善於作戰的人，求作戰的有利勢
態，不苛求下屬，重要的是選擇合適的人才去利用有利的
勢態。

❖ 范蠡知子

春秋時的范蠡認為，「吾論生者，能擇人而任時」，其觀
點與孫武的觀點不謀而合。知人個性是合理用人的先決條件，
范蠡派幼子救兄就是典型的用人例證。

范蠡輔助勾踐完成伐吳大業後功成身退，化名陶朱公做買
賣。後來，他的二兒子在楚國因殺人被拘捕。范蠡準備好一千
黃金，命小兒子去救人。長子哭鬧著要求去辦，范蠡只好讓長
子帶了黃金去楚國，並寫了一封信給舊友莊生。長子到了楚國，
發現莊生家徒四壁，心存疑慮，將錢和信交給莊生後，又去賄
賂其他權貴。其實莊生雖窮，卻以廉潔耿直聞名，他求見楚王，
說近來某星宿來犯，於國不利，只有廣施恩德才能消災。楚王
於是決定大赦，長子聽說後，覺得弟弟一定會出來，又去找莊
生把錢要了回來。莊生覺得受了愚弄，又去見楚王，說許多人
議論大赦是因為陶朱公拿錢賄賂大臣的緣故。於是，楚王殺了
陶二公子。范蠡聞訊後失聲痛哭，一直埋怨自己。家人問為什
麼，他解釋道：「長子並非不愛弟弟，只是他少時與我一起謀生，
知道錢財來之不易而吝惜。而小兒子一出生就榮華富貴享之不
盡，視金錢如糞土，這樣的事，就需要這樣的人啊！」

❖ 選對人做對事

孫權有三次拜將，第一次拜周瑜，赤壁之戰大敗曹操八十萬軍隊，奠定了三國鼎立的局面；第二次拜呂蒙，擊敗了神話般的人物關羽，收回荊襄九郡，使東吳屬地擴大了一倍；第三次拜陸遜，徹底打垮了來勢洶洶的劉備，使一代英雄一蹶不振。這三人除了周瑜外，其餘兩人並無大名，特別是呂蒙，出身「貧賤」，讀書極少，可見孫權在用人上確實有自己的一套。

曾國藩幕下有個叫羅伯宜的書生，既不會作文章又不能出點子，但寫得一手小正楷字，且一天能抄寫一萬兩千字。曾國藩便留他專門抄奏摺和公文，每個月給三十兩銀子的薪水，跟其他足智多謀的幕僚差不多。老湘營是湘軍的一支主力部隊，其統領張運蘭並不具備獨當一面的大將之才。但曾國藩認為張運蘭有心向學，敢於任事，這便可取。因此，讓他統率一萬餘人的老湘營。張運蘭也沒有辜負曾國藩一片厚望，打了不少勝仗。

內剛柔辨才奸：觀人當識內剛柔

性格不僅影響一個人的生活狀況、婚姻家庭，也影響
一個人的人際交往、職業升遷、事業發展、經營理財等。

這裡提及的「內剛柔」，與人的性格異曲同工。性格決定
一個人的成敗得失，優良的性格讓人不管是在順境還是逆境中，
都能坦然積極地面對；不良的性格則會讓人走盡彎路，受盡挫
折。

「驟然臨之而不驚，無故加之而不怒」，是智者必備的修
養。用隱忍代替怨氣，以理性克制怒氣。想當然，這套工夫，
現在叫「情緒管理」，也叫 EQ。

孫權為兒子向關羽女兒求婚，關羽以「犬子哪能配虎女」
的辭令回拒，何其爽快；攻襄樊，水淹七軍，使曹操嚇得想遷都，
何其威風；不料被他輕視的呂蒙，竟逼得自己敗走麥城。世人
說關羽是「大意失荊州」，倒不如說他情緒管理不當，是驕矜
狂妄所致。

再看張飛，經常鞭撻士卒，劉備勸他不要這麼做，他不以
為然。結果，張飛落得個在睡夢中被部下暗害的下場。《三國志》
作者陳壽評論關羽、張飛時說：「關羽剛愎而驕矜，張飛暴虐
而寡恩，兩人都因性格弱點而喪生。」所謂性格弱點，也就是
情緒管理的能力不夠。

劉備雄才大略，卻也因情緒管理不善導致死亡。關、張死
後，他眼中只有怒火，什麼國家大事，復興漢室都不顧了，伐
東吳，兵敗彝陵，最後死於白帝城。

　　《冰鑑》認為，前面所說的五行，是人的陽剛和陰柔之氣的外在表現，即是所謂「外剛柔」。除了外剛柔之外，還有內剛柔。內剛柔指的是人的喜怒哀樂的感情、激動或平靜的情緒和有時深、有時淺的心機或城府。

　　遇到令人高興的事情，樂不可支；遇到令人惱怒的事情，就怒不可遏，而且事情一過就忘得一乾二淨，這種人陽剛之氣太盛，其氣質接近於「粗魯」。平靜的時候沒有一點張揚之氣，激動的時候也昂揚不起來，這種人陰柔之氣太盛，其氣質接近於「愚蠢」。遇到事情，初一考慮，看似想得很膚淺，然而一轉念，想得又非常深入和精細。這種人陽剛與陰柔並濟，其氣質接近於「奸詐」。

　　凡屬內藏奸詐的人，其外柔內剛，處事較為圓滑；粗魯和愚蠢各佔一半的人，比一般人長壽；大奸之人看似很豁達；十分粗魯而內心不周密的人，做事必半途而廢──以上這些，也就是「內剛柔」，往往被忽視，而且人們十有八九都會犯這個毛病。

❀ 性格與成敗 ❀

> 請相信性格的力量，性格改變了，機遇就會改變，機遇改變了，人生也會隨之改變。

❖ 個性比較

每個人都有自己獨特的性格，不同的性格造就截然不同的成敗結局。掌握自己命運的人一定是具有優良性格的人。

名將衛青一生共率兵出擊匈奴七次，本軍無一敗績。他治軍嚴明，能與士卒同甘共苦，而且作戰驍勇，深受將士愛戴。儘管功勳卓著，衛青為人卻謙遜低調，《史記》評價他「為人仁善退讓，以和柔自媚於上」。汲黯從不對衛青行禮，而衛青不但不生氣，反而更加敬重他。

李廣死後，兒子李敢為父抱不平，擊傷衛青，衛青並未聲張，他的外甥霍去病卻甚恨李敢，在行獵中暗箭射殺李敢。漠北之役後，功高蓋主的衛青被漢武帝冷落，衛青也無怨無悔，平淡地過了餘生。衛青了解漢武帝的心態，十分明智地將自己定位為軍人，而非權臣。因此，歷史上兼備戰功與智慧的名將能善終者雖然不多，但衛青便有幸是其中之一。

北宋蘇軾、蘇轍兄弟性格差異極大。蘇軾屬外向型，為人豪爽，快人快語，得罪的人不少，屢遭貶謫。而蘇轍屬內向型，能韜光養晦，待時而動，文筆雖不及乃兄，但仕途比較順利，最後官至副宰相。

❖ **由性格鑑人**

　　曾國藩任兩江總督時，有人向幕府推薦了陳蘭彬、劉錫鴻兩人。陳蘭彬、劉錫鴻頗富文采，下筆千言，善談天下事，並富盛名。接見後，曾國藩對陳、劉二人做了評價：「劉生滿腔不平之氣，恐不保令終；陳生沉實一點，官可至三四品，但不會有大作為。」

　　不久，劉錫鴻作為副使，隨郭嵩燾出使西洋，兩人意見不和，常常鬧出笑話。劉寫信給清政府，說郭嵩燾帶妾出國，與外國人往來密切，「辱國實甚。」郭嵩燾也寫信說劉偷了外國人的手錶。當時主政的是李鴻章，自然傾向於同為曾門下的郭嵩燾，將劉撤回。劉對此十分怨恨，上疏列舉李鴻章有十大可殺之罪。當時清政府倚重李鴻章辦外交，上疏留中不發。劉錫鴻氣憤難平，常常出言不遜，同鄉皆敬而遠之；劉設席請客，竟無一人赴宴，不久即憂鬱而卒。而陳蘭彬則進入曾國藩幕府，並出使各國。其為人不肯隨俗浮沉，但志端而氣不勇，終無大建樹。

❀ 剛愎自用的悲劇 ❀

「剛愎自用」，始見於《呂氏春秋》：「剛愎自用，不可證移。」

❖ 項羽的軟肋

剛愎自用的涵義很清楚：頑固、偏執、一意孤行、拒不接受他人的意見，倔強，自以為是，主觀武斷，喜歡感情用事，更是容不得人……

一個人的性格可以成就他的事業，也可以損傷他的事業。項羽的性格中有一個致命的弱點，就是剛愎自用。能征善戰、少年得志、內外失聰，導致了他的過度自信。楚漢相爭時，本來劉邦實力並不比項羽強，怎奈項羽剛愎自用，每每在關鍵時刻皆不能接受謀臣的計謀。「鴻門宴」上，「亞父」范增主張乘機除掉劉邦，項羽卻不予理睬，對劉邦的假意殷勤，也毫無察覺。把曹無傷的告密直接告訴劉邦，更反映了他的有勇無謀、不懂策略、麻木輕敵。就連范增最後都哀嘆「豎子不足與謀」，韓信也曾批評項羽：「喑噁叱吒，千人皆廢，然不能任屬賢將，此特匹夫之勇耳。」他的這種個性，引起了一連串失誤，就是失察、失人、失信等。

❖ 崇禎的悲劇

明崇禎帝即位後，誅殺魏忠賢，頗為勤政，勉力振作。無奈積重難返，各地農民起義不斷爆發，加上北方皇太極的不斷騷擾入侵，崇禎又生性多疑、剛愎自用，終於在 1644 年，讓李

自成攻入北京，於景山自縊身亡。時年 35 歲。

起初，因為崇禎除去了大奸魏忠賢，當時的臣民對皇帝的天縱英明、深謀遠慮是充滿著熱烈讚嘆的；但崇禎卻因此而日漸飄飄然，自以為是地把自己的敏感多疑當作是英明睿智，將剛愎自用當作是當機立斷。

有人統計過，崇禎在位 17 年，共換了 50 位內閣大學士、14 位兵部尚書；殺死或被逼得自殺的督師或總督多達 11 人，殺死巡撫 11 人、逼死 1 人，這裡面就包括明朝唯一打敗過努爾哈赤和皇太極的著名將領袁崇煥。而被他抓進監獄關押、毆打、間接逼死、戰死、自殺、判刑的相當於現在省部一級的官員可能多達幾十人。崇禎十四年，也就是亡國前三年，被關押在監獄裡的具有大臣資格的官員就多達 145 人。

崇禎曾多次言稱「文臣個個可殺」，甚至即將破城之際，「上召文武各臣，上泣下，諸臣亦相向泣，束手無計，上書御案，有『文臣個個可殺』語。」可憐他至死也看不清，毀滅他的正是他這種自以為是的領導能力。

❊ 剛柔失調為偏才 ❊

使用偏才的智慧，應避免他把聰明才智用於欺詐；使
用偏才的勇氣，要避免他濫用自己的膽識。

❖ 滑稽之雄東方朔

在一個人的身上，其才能有長處也有短處。對偏才來說，
應當捨棄他的不足之處，而用他的長處。漢武帝時，東方朔被
任命為侍從，常在武帝左右。武帝很看重他，常讓他陪著一起
吃飯。飯後，他把剩下的肉揣在懷裡帶回去，衣服弄髒了也毫
不在意。武帝每次送他綢緞，他也毫不客氣地拿了就走。但是，
他把錢財綢緞全都花在了女人身上，同僚都稱他為「狂人」。
武帝卻一笑置之，在他看來，東方朔才識過人，精力充沛，才
會做出一些不檢點的小節。

❖ 學學胡雪巖

「做官要學曾國藩，經商要學胡雪巖」，曾是一個時代的
口頭禪。胡雪巖開錢莊、運漕米、販生絲、辦藥店、興洋務；
結交官府紅人王有齡，背靠開疆大吏左宗棠，以至被慈禧太后
親賜二品頂戴，賞穿黃馬褂，准紫禁城騎馬，從而成為紅頂大
商人。

商道也是人道。胡雪巖善識人、會用人的典型事例很多。
比如，小船主老張忠實厚道，妻子熟悉繭絲業，胡雪巖便投資
一千兩白銀聘他們經營繭絲；劉二只是一個櫃台夥計，胡雪巖
看準他精明可用，便讓他當錢莊「檔手」。

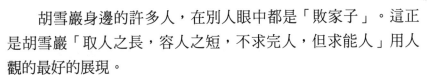

　　胡雪巖身邊的許多人，在別人眼中都是「敗家子」。這正是胡雪巖「取人之長，容人之短，不求完人，但求能人」用人觀的最好的展現。

　　陳世龍原是一個整天混跡於賭場的「混混」，胡雪巖卻看到了他的長處：一是這年輕人靈活，與人結交從不膽怯，打得開場面；二是這年輕人不吃裡扒外、不出賣朋友；三是這年輕人說話算話，有血性。胡雪巖最終將他調教成自己的得力助手。

　　古應春是上海洋場的「通事」，即現在的翻譯，熟悉洋務，朋友也多。胡雪巖不管別人說長道短，一直把古應春當作推心置腹的師友，為自己與洋人做生意、打交道、巧妙運用洋場勢力，帶來諸多便利。

　　胡雪巖手下有個劉不才，嗜賭如命，把一間好端端的藥店都輸光了，但胡雪巖看到的卻是他賭得再狠，手上的幾張祖傳祕方絕不押上；吃喝嫖賭四毒並進，但絕不吸毒抽大菸，於是便起用他充當特殊「清客」，專與達官闊少打交道。同時鼓勵劉不才「以祕方參股」，許他「方」不外傳，大謀其利。

智慧拓展：成大事者需要有血性之人

血性是一種氣質、一種精神、一種品德，是剛強的浩然正氣。

❖ 刑天精神

什麼是血性？藐視困難、力挽狂瀾、知其不可為而為之，這就是血性。好漢打脫牙齒和血吞、屢敗屢戰、百折不撓，這也是血性。不盲從、不苟且、敢於挑戰權威、敢於開創風氣，這又是血性。《山海經》中有一個叫刑天的神，因和黃帝爭奪天帝的寶座，被黃帝砍掉了腦袋。不想刑天又站了起來，以乳為眼，以臍為口，舞著盾牌和斧頭，繼續與黃帝戰鬥。東晉詩人陶淵明《讀山海經》詩：「刑天舞干戚，猛志固常在。」讚揚刑天雖失敗，仍然戰鬥不已的精神。刑天，象徵著一種精神：有血性，永不妥協！

❖ 打脫牙齒和血吞

曾國藩以一介書生起家，秉持「男兒以無剛為恥的」信念，敢於「打脫牙齒和血吞」，在湖南創辦團練，屢敗屢戰，勇於紮硬寨、打大仗，終於鑄就了湘軍，掃平太平天國。湘軍首領除曾以外，胡林翼、左宗棠、彭玉麟等等都是名垂宇內、大名鼎鼎的人物。

左宗棠收復伊犁時，以將近六旬的高齡，命部下抬著棺木，從肅州出行。百姓說他彷彿抬著棺材戰關公的龐德。他如此示威，是給正在談判桌上與俄國人交涉的曾紀澤撐腰。最終他為

後人贏得了 160 萬平方公里的土地，後雖年老體弱，仍堅持對法作戰，直至去世。梁啟超讚他是「百年來對中國貢獻最大的人」。

再說彭玉麟，這位被曾國藩視為南嶽奇男子的湘軍水師統領，一生淡泊名利，從軍時屢有歸隱之心，但只要聽說國有危難，便挺身而出。彭也是一位至情至性之人，當妻子去世之後，便未再婚娶。可以說正是因為有這樣一大批極具血性的將領，才有湘軍後來的成功。至於湘軍的軍官人選，曾國藩更是看重其是否具有書生的「血誠」，只有這些外表木訥，而心志高遠，不染當時一片浮華的社會風氣的血誠書生，才能帶給軍隊一種全新的風氣。他說：「帶勇的人，第一要才堪治民，第二要不怕死，第三要不汲汲於名利，第四要耐苦受勞。大抵有忠義血性，這四種自然而然就都具備了；沒有忠義血性，即使表面上四者都具備，但最終這種人還是不能用」。

❦ 英雄要屈身 ❧

> 老子十分讚賞水謙下、居下的品行。水表面上看似是
> 最柔弱的東西，隨遇而變，但卻能穿石銷金，無孔不入。

❖ 三年不鳴，一鳴驚人

人們往往看重剛強的力量，習慣於求強、圖強、逞強，甚至以強凌弱，老子卻告訴人們：「柔弱並不是懦弱，柔弱本身就是一種比剛強更強大的力量。」

楚莊王是春秋五霸的最後一霸，他剛即位時，內有若敖氏掌握大權，外有諸強爭霸，羽翼尚未豐滿，就來了個「以退為進」之計。他整天玩樂，不問政事，並發布告示：「諫者處死。」有一天，大臣伍舉故意請他猜個謎：「有一隻鳥落在土山上，整整三年既不飛也不鳴叫，這是什麼鳥呢？」莊王回答：「三年不飛，一飛必沖天；三年不鳴，一鳴必驚人。」後來，大夫蘇從又直言勸諫。莊王覺得時機已到，馬上誅殺奸臣，啟用伍舉、蘇從。他對內興修水利、重視農商；對外先後滅庸、伐宋、攻陳、圍鄭，問鼎周王朝，大敗晉軍，成為春秋五霸之一。

不是非要滔滔不絕才能顯出自己的本事，平時不露聲色是為了長遠觀察問題、蓄積力量。清康熙帝廢太子後，其餘十多個皇子紛紛登場奪位。四皇子胤禛的謀士卻告誡他：「爭是不爭，不爭是爭」。四皇子於是以退為進，表面上退出爭奪太子的鬧劇。而其他皇子卻你爭我奪，兩敗俱傷。

❖ 大柔非柔，至剛無剛

　　備受恩寵的年羹堯得意忘形，不僅霸佔了蒙古貝勒七信之女，還斬殺提督、參將多人，甚至蒙古王公見到他都要先跪下，因此彈劾他的奏章多似雪片。更嚴重的是，他任人唯親，在軍中及川陝皆用人自專，稱為「年選」。而且，他在皇帝面前「無人臣禮」，不僅在咨文中擅用令諭，語氣甚至模仿皇帝。年羹堯最終被削權除位，甚至被殺也就不足為怪了。

　　曾國藩因功高震主，皇上討厭他、大臣排擠他，連好友左宗棠也罵他虛偽。他一氣之下回到湖南老家，非常苦悶，甚至吐過血。一位老道士因此建議他細讀老莊。曾國藩靜心研讀之後，深有感慨，總結出了一句話：「大柔非柔，至剛無剛。」也就是說在處理和別人的關係時，一定要表現出柔和的一面，不要顯得過於剛硬。從此，曾國藩一改以往咄咄逼人的態度，於是越走越順。

保持彈性，進退自如

> 忍是一種有韌性的戰鬥，是一種做人策略，是戰勝人生危難和險惡的有力武器。

❖ 佯狂避禍

面對功名利祿，不能說沒有誘惑，但也有著福禍的潛伏。明末洪應明《菜根譚》說，只張「五分」（一半）帆，船卻平安地行駛，只注「五分」水，容器卻穩妥地保持著平衡。本來，人有才總是好事，但也可能有大痛苦，像陸機、霍光、石崇本是人傑，終因恃才傲物、猖狂跋扈而遭厄運。

明朝時，寧王朱宸濠很賞識唐伯虎，曾派人拿著一百兩金子來蘇州聘請他。唐伯虎到後，朱宸濠請他住在別墅，十分殷勤。半年後，唐伯虎看朱宸濠行事不法，知道以後他必定造反，就假裝發狂。朱宸濠派人送禮物給他，他就裸露身體，擺出傲慢的姿態，玩弄自己的生殖器，並且譏罵使者。使者回去後報告朱宸濠。朱宸濠說：「聽說唐生賢明，不過是一名狂士。」於是放唐伯虎回去。不久之後，朱宸濠果然公開叛亂，卻被迅速平定，唐伯虎也最終逃過一劫。

❖ 在耐勞忍氣上下工夫

在曾國藩第一次攻陷武漢後，捷報傳到北京，咸豐帝大為高興，讚揚了曾國藩幾句。但有人說，如此一個白面書生，竟能一呼百應，並非是國家之福。咸豐默然不語。曾國藩也知會遭人疑忌，便藉回家守父喪之機，帶著弟弟辭職。過了近一年，

太平軍進攻浙江，清廷恐慌，又請他出山。由於湘軍私吞了太平軍的財物，朝野議論紛紛。曾國藩因怕權大壓主而釋出了一部分權力；又怕湘軍太多引起疑忌而裁減了四萬湘軍；怕清廷懷疑南京的防務而建造了旗兵的營房，請旗兵駐防南京，並發全餉；還蓋貢院，提拔江南士人。這幾策一出，朝廷上下果然交相稱譽。

「吾服官多年，亦常在耐勞忍氣四字上做工夫也。」這正是曾國藩的心得。但他的「忍」並非一味的強忍。對皇上、太后以及滿蒙親貴的猜疑、排擠，曾國藩一忍再忍。有誰的家書是公開給全天下看的？曾國藩就透過數百封家書，向朝廷表白絕無自立為王的心志。但對誤國誤軍、貪婪無度而又加害於自己的人，曾國藩則拍案而起，參人一本；或勢不兩立。「剛」讓他四次抗旨，以保湘軍。

加拿大前總理特魯多在下野後曾向鄧小平請教復出的「祕訣」，鄧小平的答案是「忍耐和信仰」。正是憑著這「祕訣」，他三次被打倒，三次復出，被西方人稱為「打不倒的東方小個子」。

以硬對硬時絕不手軟

在關鍵時刻，絕不手軟，以硬對硬，是非常必要的。

❖ 懦弱無益

以硬對硬是指用強硬的方法對付強硬。以硬對硬在戰略上適用於雙方實力相當，認為互相間誰也不敢輕易出手攻擊對方時。

武則天侍奉唐太宗時，太宗有一匹烈馬獅子驄無人能制服。武則天表示，她能制服此烈馬，但要有三件東西：一是鐵鞭；二是鐵錘；三是匕首。先用鐵鞭抽打牠，不服，用鐵錘打牠的頭，仍不服，就用匕首割牠的喉嚨。後來，她就是用這種制服烈馬的辦法控制群臣。面對武則天的強硬政策，李氏宗戚則顯得軟弱退讓，結果屢屢成為刀下之鬼。她兒子李顯、李旦，更是懦弱柔順。西元 705 年，以沉穩有謀的宰相張柬之為首的強硬派，趁 82 歲的武則天生病時，率御林軍五百餘人，衝入玄武門，殺張易之、張昌宗，迫使她傳位於中宗李顯，復國號為唐。顯然，對於像武則天這樣，在十五年中以強硬姿態控制朝政而得心應手的人，如採用軟弱退讓的手法，只能使她更加為所欲為。

❖ 以牙還牙

曾國藩生就一對三角眼，似閉非閉，個性內向，人們因此給他取了個外號，叫「閉眼蛇」。他從小就很有心計。

19 歲時，他與弟弟曾國潢去衡陽，師從汪覺庵。弟弟聰明伶俐，常受誇獎，而曾國藩卻默不好言，老師對他的功課也常

只用「也好」二字敷衍了事。有一次，他背書不暢，老師便訓斥他：「你將來要是有出息，我就給你背傘！」多年後，曾國藩高中進士，還鄉拜謝汪覺庵時，就特地帶了把傘，進門便放在汪家的神龕側。後來告辭，他剛到門口，突然對送行的汪覺庵說忘了帶傘。汪覺庵連忙取來傘，曾國藩不冷不熱地道了謝。汪覺庵才猛然想起當年所說的話，當下哭笑不得，只有長揖而已。

　　曾國藩主張節儉，曾在家門口貼告示說：「凡以後我有事，請諸位不要送禮，諸位有事，我也沒錢可送。」有個同僚看不慣，就在他生日時，故意只送去五分銀子，在封皮上寫著：「送賀禮白銀一錢，現銀五分，賒欠五分。」後來這個朋友嫁女兒，曾國藩也過府送禮。同僚一檢查，他竟送了一個空信封來，信封上寫著：「送賀禮白銀一錢，討還你欠我的五分，再賒五分。」

　　可見，做人做事，要學會軟硬兼施，這才是個有「心眼」的人的處世哲學。

❧ 剛性太強,以柔掩之 ❧

固執己見者大多不肯服輸,本來賢明而一時糊塗的,
應據理力爭;私心太重而沉迷不醒的,則用迂迴曲折之道。

❖ 用心良苦

歷史上的智者對人治之術最有心計的,莫過於恩威並施、剛柔相加的政策。

唐太宗李世民去世前,故意把已負有輔佐太子重任的宰相李勣貶官。他告訴太子:「李勣是有能力輔佐你的,但他是前朝元老,而你對他並沒有什麼恩德,他難免會擺出桀驁不馴的樣子,使你難以駕馭,所以我故意貶謫他。你繼位後,可即刻讓他官復原職。」於是,李治一繼位,就讓李勣復任宰相。李勣對新皇感激不盡,果然忠心耿耿。

明朝政治家張居正有神童之稱。西元 1536 年,十二歲的張居正赴荊州府投考,其才華令主考官驚嘆。第二年,張居正躊躇滿志趕往武昌鄉試,卻遭湖北巡撫顧璘建議而落第。顧璘是當時著名的大才子,他認為早熟的天才少年,如果成才道路過於順利,就可能變得輕狂、浮躁與傲慢,反而斷送前程,於是讓張居正落第三年。三年後,16 歲的張居正才在鄉試中成為舉人,顧璘對他講了實情,張居正沒有埋怨,反而感動得痛哭流涕。如果張居正早三年中舉,也許湖廣之地將多出一位風流才子,卻出不了一位救世的宰相,他也不能成就一代偉業。

❖ 以軟克硬

　　周公對「殷之頑民」的統治政策和經驗，讓曾國藩深悟恩威並施的妙用。他麾下有一員猛將陳國瑞，驍勇善戰。但此人的問題在於好私鬥，竟然敢和別的部隊開明仗、搶鹽包，也敢和商人開明仗，對地方、對百姓多有騷擾，又喜歡吸鴉片，會因一點小事而處死手下，對其他將帥也很無禮，有時更不聽調度。然而，這個人卻很會打仗，對名儒極尊重親近，不好色又不貪財。曾國藩告誡他：「奉檄往調，務必要服從命令。若不能細心領會，第一，將八千人裁撤為三千人。第二，一年之內，不許與淮軍同紮一處。第三，去掉官銜中『欽差』字樣，不許自河南糧台以外領取軍餉。」裁軍，是削弱其力量；不許與淮軍靠近，是限制其活動範圍；明確規定餉源，則從經濟上加以制約。以上三條，陳國瑞抗令的話，是對抗統帥；遵令的話，則實力減弱。此份批示，看似諄諄善誘，實則老辣強橫，令其進退失據。像這樣的恩威並施，由不得部下不服。

❀ 揚長避短用人才 ❀

俗諺說：「好瓦匠沒有用不了的磚。」人有剛柔，才能自然也有長短。要想有效地識別和使用人才，必須把握用人的要訣──「揚長避短」。

❖ 使人如器

用人之道，貴在不拘一格，用我所用，不計其他，才能人盡其才，發揮最大的效用。寓言《西鄰五子》，說的是西鄰公對五個孩子的工作安排，因人而異：讓樸實無華的務農、機智敏捷的經商、瞎眼的卜卦算命、駝背的搓麻、跛腳的紡紗。如此安排，可以說是「人盡其才」的典範。

戰國時的軍事家吳起善於量才用人，使人盡其才：「短者持長戟，長者持弓弩，強者持旌旗，勇者持金鼓，弱者給廝養，智者給主謀。」唐太宗即位不久，讓宰相封德彝選拔人才，許久不見動靜。太宗問及其事，封德彝辯解釋：「非不盡心，未見奇才異能。」太宗卻明確指出，對有用之才，不可求全責備。「使人如器」，即根據人才的狀況來使用。

清代有一位名叫楊時齋的將軍，他便深諳此道並應用於選才用人，使軍中無廢才。他讓聾子當侍者，讓啞巴送密信，讓瞎子伏地聽，讓瘸子守炮座，收到了奇效。

❖ 因勢順導

曾國藩培養接班人的標準是：發現優秀人才，用其所長，並加以重點長期培養，因勢順導，隨處使用。左宗棠生性狂傲，

見誰揖誰；給人寫信，不署自家姓名，只署「小亮」，自以為是諸葛亮，但曾國藩看中了左宗棠的才氣，使左宗棠有機會發展，從平頭百姓做到了閩浙總督。

　　在中國傳統文化裡，並不鼓勵門生與屬下自立門戶，甚至超越尊長；但是曾國藩在湘軍規模日益擴大（總數近 30 萬人）時，開始鼓勵湘軍將領「內部創業」，獨立發展。李鴻章最初是曾府裡的普通幕僚，但眼光敏銳，見解深刻，於是曾國藩將其納入重點培養對象。當李鴻章向曾國藩提出赴上海操練淮軍的構想時，曾國藩並沒有阻止他，還親扶李鴻章上馬。而在李鴻章召募淮軍之後，曾國藩還親臨祝賀，並且調撥八營（約 4000 人）的湘軍，讓李鴻章來指揮。曾國藩自己成功，也讓別人成功，建立起綿密的人脈網路。清末 18 個行省，就有 13 個省的主官，都是出身湘軍的將領。

❀ 識人勿被假象迷惑 ❀

相馬要把握牠的本質特徵，相人也應如此。善於知人
用人者，都是從人才的本質特徵中去考察，而不為一些表
面現象所迷惑。

❖ 輕信失察

人們常說，知人難，知人心者更難。東漢光武帝劉秀以知
人善任著稱，但他卻看錯了龐萌。龐萌在劉秀面前，表現得很
恭敬、謹慎、謙虛，劉秀便認為龐萌是對自己忠心耿耿的人，
公開對人讚譽他。然而，龐萌其實很有野心，他明著向劉秀表
忠，當軍權一到手，便暗地勾結敵人，將跟他一起奉命攻擊敵
軍的蓋延兵團消滅了。後來劉秀雖消滅了龐萌，但損失巨大。
劉秀之失，失在靜中看人，他被龐萌的假忠誠所迷惑了。來自
敵營的龐萌歸附劉秀不久，尚未有何貢獻足以證明他的忠心，
劉秀竟對他如此信任是毫無根據的。

北宋徽宗即位後，當時蔡京名聲太壞，被彈劾削位。不久
宦官童貫南下搜尋書畫珍奇，蔡京就想盡辦法籠絡他，因此得
以重新入相。從此，無論蔡京如何排斥忠良、竊弄權柄，徽宗
總是不以為疑。朝廷中每一次的反蔡風潮掀起，徽宗雖然迫於
情勢，不得不降黜他，將其外放以撫平民意，但總是很快地將
他官復原職。二十多年裡，趙佶四次罷免他，又四次起用。最後，
蔡京年已八十，耳背目昏，步履蹣跚，徽宗趙佶卻還倚重這個
老糊塗，直到自己退位。北宋之亡，固然亡在趙佶手裡，卻也
是亡在這個宰相手裡。

【 冰鑑新解 】

❖ 高帽難擋

曾國藩雖精於識人，據說也被騙了一回。他在與太平天國作戰時，有一天和幾位幕僚閒聊，縱論起當世的英雄豪傑。有的說：「彭玉麟公威猛，故人不敢欺」，有的說：「李鴻章公精敏，自然人不能欺」，曾國藩就讓大家談談自己，眾人一時語塞。忽然，在一旁管文墨、負責日常抄寫的一名後生，小步趨近，躬身細語：「曾帥仁德，人不忍欺。」此語一出，舉座之人無不鼓掌。曾國藩面頰泛紅，連稱：「言過其實」。殊不知，曾國藩向來以「仁德」二字自詡，此言正中他的下懷。此後生告退後，幕僚告訴曾氏，此人入過學（秀才），家貧，行事一向謹慎、多思、少言。曾國藩認為此人有大才，不久，派他負責督造船炮。不料數日後手下報告，此人已挾鉅款潛逃。曾國藩聽後默然良久。曾氏每每都在怵惕著「諛」，卻擋不住無形中「諛」的神奇力量。

❧ 韜光養晦，收斂鋒芒 ❧

韜光養晦，收斂鋒芒，隱藏才能行跡，期使對方被假象所迷惑，而不被對手注意自己的存在，以免遭遇不測。

❖ 藏而不露

「才高被人忌」，這是古今社會的通病。一個人，想要在社會上很好地生存，最好學會韜光養晦，不要鋒芒太露。鋒芒除了能證明一個人的價值外，還容易傷害別人、刺激別人的嫉妒心理，從而遲早會傷害到自己。

藏而不露，並非不露。把握好藏與露的分寸，最後才能露出真正的鋒芒。春秋末期的越王勾踐，因在會稽山兵敗於吳王夫差，故以赦越國百姓無罪為條件，進吳國皇宮給夫差當了低等奴僕。在夫差宮中，勾踐忍受夫差對他的種種羞辱。有一次，夫差生病，勾踐為了表明忠心，竟親自嚐了夫差的糞便。勾踐由於做奴僕時「表現優異」，很快就被遣送回國，並在十年的臥薪嚐膽後一舉消滅了吳國。

三國時，劉備吃了敗仗投奔曹操。為了掩蓋其雄心壯志，整日在後院種菜。曹操的謀士勸他說：「劉備乃天下之梟雄，宜儘快除之。」但是曹操沒有這樣做。與劉備煮酒論英雄時，曹操說：「天下英雄唯使君與曹爾」，結果把劉備嚇得連筷子都掉到了地上。因為當時正巧打雷，劉備藉機掩飾了過去。後來，劉備以借兵擒截袁術為由，脫離曹操的掌心，最終成就三國鼎立之勢。

❖ 低頭一拜屠羊說

曾國藩對「藏鋒」有過精闢的論述：「言多招禍，行多有辱；傲者人之殃，慕者退邪兵；為君藏鋒，可以及遠；為臣藏鋒，可以及大；訥於言，慎於行，乃吉凶安危之關，成敗存亡之鍵也！」

曾國藩攻破南京，平定太平天國之際，馬上給他的弟弟曾國荃寄去一封信，信中附了一首詩：「左列鐘銘右讀書，人間隨處有乘除；低頭一拜屠羊說，萬事浮雲過太虛。」詩中屠羊說的典故，出自《莊子・讓王篇》。屠羊說是一位幫助被伍子胥打敗而逃亡在外的楚昭王復國的隱士。昭王回國後再三請他出來做官，他都堅辭不受，寧可繼續過著擺攤賣肉的清貧日子。曾國藩借用這一典故告誡弟弟，千萬不能因此而驕傲自大，越有功勞越得低頭做人。他深知，當時的環境對他們兄弟二人極為不利，朝廷內外，說他們壞話的人很多，他不能不明哲保身，收斂避禍。

❀ 屈尊能柔是一種大智慧 ❀

需剛柔並用，屈尊能柔，其人智也。

❖ 待人高低

有些人貌似平常，甚至還給人「窩囊」、不中用的弱者感覺，但有時這種人往往能屈能伸，具有一般人所沒有的遠見卓識和深厚城府。

曹操曾因為對「小人物」態度的不同而影響大業。在官渡之戰兵處劣勢時，曹操聽說袁紹的謀士許攸來訪，竟顧不得穿衣服，赤著腳出來迎接，對許攸十分尊重。許攸感其誠，遂為曹操出謀策劃，幫了他大忙。然而曹操也吃過忽略「小人物」的虧。益州別駕張松，本來是想賣主求榮，把西川獻給曹操；但曹操自從破了馬超後，志得意滿，數日不見張松，見面就要問罪，於是張松轉而把地圖獻給了劉備。這對曹操來說不能不說是事業上的一大損失。

而曹操的對手劉備一生有「三低」的行動，卻奠定了事業的基礎。一低是桃園結義。張飛是酒販屠戶，關羽是通緝犯，而劉備這個皇叔，卻肯與他們結為兄弟；二低是三顧茅廬。為一個未出茅廬的後生諸葛亮，劉備竟前後三次登門求見，這一低得到了一張宏偉的建國藍圖；三低是禮遇張松。張松來時，劉備派趙雲、關羽於境外迎接，自己則親迎於境內，宴飲三日，淚別長亭，甚至要為他牽馬相送。張松深受感動，於是把西川地圖獻給了劉備。

禮賢下士，方能成就事業。心高氣傲，目中無人，遲早會

吃大虧。

❖ 禮賢下士

容閎是廣東香山縣人，自幼接受西方教育，早年留學美國耶魯大學。李善蘭、華衡芳、徐壽等人都向曾國藩舉薦過他。儘管容閎到過太平天國的天京，還向干王洪仁玕上書，提出過發展資本主義和七項建議，之後又與太平天國多次做過茶葉生意，曾國藩對此卻並不怪罪，接連三次發出邀請。35歲的容閎初次登上總督衙署大門，次日便被接見。曾國藩認為他的確是個既了解西方又有膽識的人才。在問及當前對中國最有益、最重要的事情當從何處著手的問題時，容閎答以莫過於仿照洋人建機器廠，尤需先辦製造機床的工廠。曾國藩十分讚許，力排眾議，撥發鉅款，委派他赴歐美採購機器。

松下幸之助為人謙和，無論見了誰都鞠躬，他用一句話概括自己的經營哲學：「首先要細心傾聽他人的意見。」這種大智慧值得每一位管理者學習。

🏵 要有容人的度量 🏵

> 一個人度量越大,「大度能容,容天下難容之事」,
> 則其見識越高,涵養越好。

❖ 大度用人

用人難,容才更難。一個人成事大小的關鍵,主要就看他的心胸是狹隘還是寬廣。器量小,不容人,則眾叛親離,孤家寡人難以成大業;器量大,能容人,可化敵為友,招納天下賢明之士為己所用。

春秋時的楚莊王曾慶功大宴群臣,讓愛姬許姬為大臣們敬酒,忽然風吹燈滅,暗中有人拉住許姬的衣袖調戲她。許姬順手扯下他的帽纓,並請求莊王掌燈後查處。但莊王卻命眾將都摘下帽纓後,才下令點燈。許姬不理解,但莊王認為酒後失態,人常有之,倘若治罪,必傷將士之心。後來,在吳伐楚的戰爭中,有位將軍奮不顧身,為楚國立下大功。此人名叫唐狡,就是那位「絕纓者」。可見,容人之錯,可以寬其心,去其疑,進而盡心竭力。

曹操用人的一大特點是大度用人、容人之錯。官渡之戰中,曹操一舉打敗了袁紹。清理戰場時,曹軍從袁紹的案卷中揀出一疊書信,都是曹營裡的人暗中寫給袁紹的投降書信。有人向曹操建議,要嚴格追查此事。曹操卻認為,當時袁紹強盛,他自己都擔心能否自保,何況別人呢?於是,他下令把這些密信全都付之一炬。於是,那些懷有二心的人便全都放心了,並對曹操無比感激,軍心穩定,使處於弱勢的曹氏集團迅速鞏固了

勝利的戰局。

❖ 容難容之人

曾國藩最強的本領是容難容之人，不讓他們在關鍵時刻壞自己的事。他首先就能容得下目中無人的左宗棠，左宗棠先後得罪了很多人，但曾國藩卻執意栽培他，要兵給兵，要餉給餉，使他有機會從浙江、福建一直打到甘肅、新疆，最終成為一代名臣。左宗棠最後也充分地回報了他：保安徽，清浙江，給了曾氏很大的幫助；曾國藩幾次危難，都有賴左宗棠的幫助。

另外，曾國藩麾下的塔齊布、鮑超，都是沒什麼學識的莽漢，但因為「忠勇」，仍為曾國藩所賞識。鮑超因家貧從軍，不識文墨，但作戰勇敢，帶兵有方。有一次鮑超孤軍被困九江，派人向曾國藩求救，叫文書寫信，許久都沒送來。鮑超心急，立即握筆大書一「鮑」字，四周有無數小圈圍繞著，急急封函，派人送去。曾國藩幕府中的人不解其意，就給曾國藩看，曾國藩大笑之後，連忙派出了援軍。

相由心生；有感於內，必形於外」——曾國藩

第三章

容貌鑑

有感於內，必形於外

容以七尺，貌合兩儀

容貌的協調是指人的五官端正；形體的協調是指人體外在的線條比例適當；體態的協調是指人的形體在舉止中所流露的神情姿態大方。這種美是一種自然美。

在這裡，「容」和「貌」是兩個概念。曾國藩認為，「容」是指人的整個身體及其表現出來的情態，「貌」則是指天庭至地閣之間的整個臉部。「容」的範圍限七尺之軀，「貌」之範圍則在「兩儀」之間。兩者相互呼應，渾然一體。

人體各部位都與五臟相關聯，而五臟又有各自的屬性，這些屬性是指五行金木水火土的特質。古人認為，五臟對應五行，對應關係為：肝屬木、心屬火、脾屬土、肺屬金、腎屬水。五臟又與胸腹手足相通，因此說「胸腹手足，實接五行」。

而「耳目口鼻，全通四氣」，說的是五臟之氣與四時之氣互相呼應，透過耳目口鼻各竅而相通。即目通肝，為肝之竅，屬春；舌通心，為心之竅，屬夏；鼻通肺，為肺之竅，屬秋；耳通腎，為腎之竅，屬冬；唇通脾，為脾之竅，屬四季末。

古代人所追求的最高境界是「天人合一」，強調人與自然的和諧關係，認為人是一個由身體各部位互相配合、互相作用的整體，各部位應相顧相稱、和諧生動。「相顧相稱」是說胸腹手足互相搭配、耳目口鼻相互照應，只有這樣，才符合自然之理，既以表明身體健康，還表明其相不凡、有福分。反之，人體各部位生拼硬湊、紛紜雜亂，這樣的人自然運氣「不佳」。

總之，如果人體的各部位都長得很對稱、協調，那就是好；如果長得不協調、很突兀，那就不佳。因此，曾國藩看容貌著

〔 冰 鑑 新 解 〕

重的是整體的搭配，而非個別獨立的觀察，這在論相上可說是
很重要的觀念。

　　《冰鑑》中說，凡是觀人形貌，觀姿容以七尺之軀為
限，看面貌則以兩隻眼睛來評斷。人的胸腹手足，都和五
行對應——即與金、木、水、火、土相關，都有它們的某
種屬性和特徵；人的耳目口鼻，都和四氣——即春、夏、
秋、冬四時之氣相互貫通，也具有它們的某種屬性和特徵。
人體的各個部位，如果相互照應、匹配，彼此對稱、協調，
那麼就會為人帶來福分，而如果相互背離或彼此排擠，使
相貌顯得亂七八糟、支離破碎，其命運就不值一提了。

❧ 古人重相貌 ❧

俗話說:「相由心生。」經驗豐富的人,的確能從一個人的形象神態上推斷他的心性。

❖ 名人的相貌特徵

伐木工人在砍樹前,總是先從外形上打量,看樹木是否筆直挺拔,然後再敲打樹幹聽聽聲音,以鑑別其品種質地。鑑別人才也是如此。

據說漢朝的開國皇帝劉邦年輕時,高額大鼻,美髯,口角戴勝,胸如斗,背如龜,腿如龍腳,左股有七十二顆黑痣。單父縣的呂文會相術,初見劉邦,就聲稱自己從小為人看相,從未見過劉邦這樣的相貌,告誡他要自愛並將女兒嫁給了他。

東漢王充《論衡・骨相》闡述人的骨骼、形體、相貌同人的性格和命運的關係,列舉了黃帝、顓頊、帝嚳、堯、舜、禹、商湯、周文王、周武王、周公、皋陶、孔子、劉邦、呂后、漢惠帝、漢元帝、王皇后、趙毋恤、黥布、衛青、周亞夫、秦始皇等歷史名人的相貌特徵以及被相面者相中的故事。

❖ 選才重「身」

從先秦到宋,長得好看的人在選官時比醜的更受歡迎,但容貌並不佔重要地位。到了明清,在官員的考核中,容貌的評價竟佔到了六分之一;科舉殿試時還經常以容貌定狀元。太祖朱元璋自己長得叫人不敢恭維,對狀元和官員的容貌卻挑三揀四,十分可笑。很多有才華的人因為相貌醜陋而落選。

明惠帝時，朝廷策試中試舉人有個叫王良的策論最佳，但因其貌不揚，被抑為第二，原本第二的胡靖擢為第一。後來惠帝被斷送皇位，倒是王良以死殉國，而胡靖卻投靠了朱棣，做了高官。明英宗對朝臣的相貌也特別看重，大學士李賢曾舉薦山東按察使王越為兵部侍郎。王越身材高大，步履輕捷，又喜著寬身短袖的服飾，英宗見後很是滿意，認為是豪爽武職打扮，後來王在邊陲果然頗有戰功。

清乾隆時，有佐證能證明乾隆喜歡任用美男子為朝中大員，最典型的例子就是和珅。在清朝時，選官向來是以「身、言、書、判」作為首要條件。所謂身，即形體，需要五官端正，儀表堂堂，否則難立官威。所謂言，即口齒清晰，語言流利，否則有礙治事。所謂書，即字要寫得工整漂亮，利於上級看他的書面報告。所謂判，即思維敏捷，審判明斷，不然便會誤事害人。在這四條標準之中，「身」居首位，是最重要的。

❧ 人格影響外貌 ❧

個人可以透過修身養性，完善內在之我，進而改善外在之我。

❖ 容貌與本性

透過容貌來預測一個人的富貴貧賤、家庭婚姻、壽命長短等，早在春秋戰國時代就已相當盛行。越王勾踐的重臣范蠡，除了精通政術、做生意外，還懂得相術。他一相西施，便知這美女可以做間諜，再相越王勾踐，便知此人「可與共患難，不可與共安樂」，因為他生得「長頸鳥喙」。他勸好友文種功成身退，文種不聽，結果下場悲慘。

諸葛亮認為大將魏延腦後長有「反骨」，所以早就安排了殺魏之計。而元朝末年，身為進士的劉伯溫（劉基）見到朱元璋的麻臉後，竟甘願追隨這個農民軍中的小頭領，後來果然成了開國元勳。據說他已從相面術中看出，此人是「福貴無量」的「真命天子」。

就相貌來看人，最要緊的是「五官端正」。端正即是勻稱之意，「五短身材」之所以相法上視為貴格，就在勻稱。就五官的各部位來說，男子眉寧粗勿淡，眼寧大勿細，鼻寧高勿塌，口寧闊勿小，耳寧長勿短，當然要恰如其分，過與不及，皆非美事。

❖ 心態、品行影響相貌

有趣的是，美國總統林肯也熱中於「相面術」。有一次，

朋友向他推薦某人為閣員，林肯卻沒有用他。朋友不解，林肯表示他不喜歡此人的長相，認為一個人過了四十歲就該對自己的臉負責。這不無道理。

中國傳統文化強調，一個人的言談舉止、氣質、品貌是一個人內在自我的外在表現。心性齷齪、品行不端的人，面相也將隨之變得狡詐、卑鄙；心理健康、品德高尚的人，面相也將隨之變得和藹、慈祥。正因如此，中國京劇才把人臉譜化、符號化。比如，紅臉的關公忠肝義膽、白臉的曹操陰險狡詐、黑臉的張飛粗莽剛勇。

福爾摩斯在看了一個退伍老兵一眼後，立刻就猜出了他人生的重大經歷：在阿富汗當過兵，參加過兩次重大戰役，腿上受過傷，退伍後做菸草生意……在驚訝的同時，我們可以發現，「相人」是一門高深但絕非沒有根據的學問，是有跡可循，也是可以透過實踐掌握的。

以儀容識人：容貌相呼應，渾然一體

《冰鑑》中說，人的姿容可貴之處就在於「整」，這個「整」並非整齊劃一之意，而是人整個身體的各個部位要均衡、勻稱，使之構成一個有機的完美整體。

古代的「相面術」常把人的性格、心理同人的外在相貌、體型特徵聯繫在一起：「腰者為腹之山，……直而厚者富貴，細而薄者貧賤。」、「男兒腰細，難主福財。」曾國藩也不例外，如：「腰身正」；「腰挺拔」；「身段穩稱」。據說，劉備生得「雙耳垂肩，手長過膝」，被人認為有帝王之相。

前秦帝國有一位足可媲美石虎的暴君苻生。他小時候失去了一隻眼睛，性情粗暴。他的祖父苻洪曾開玩笑說瞎孩子只有一隻眼睛流淚，苻生因此而勃然大怒，抽出佩刀刺擊自己流出鮮血，表示「這也是一道淚水」。

苻洪非常吃驚，因此用鞭子抽打他，並告誡苻生的父親苻健，說苻生這個孩子狂妄悖理，應該趁早除掉他；否則，一定會家破人亡。苻健並未那樣做。

苻生長大後，非常勇猛。他身旁從不離凶器，一言不合，就動手殺人，殺得高興時，把所有的高級官員，包括宰相、元帥，統統以謀反的罪名處決。他殺掉妻子梁皇后時，舅父勸他少殺，他便用鐵錘擊碎了舅父的頭顱。有人分析，苻生缺一隻眼睛，就是五行中缺少木性，生性好殺，便是不仁的徵兆和反映。

　　《冰鑑》認為，人的個子可以矮，但不要矮得像一頭蹲著的豬；個子也可以高，但絕不能像一棵孤單的茅草那樣聳立著。體態可以胖，但又不能胖得像一頭貪吃的熊一樣臃腫；體態瘦也無妨，但又不能瘦得如同一隻寒鴉那樣單薄。這些就是所謂的「整」。

　　再從身體各部位來看，背部要渾圓而厚實，腹部要凸出而平坦，手要溫潤柔軟，手掌則要彎曲如弓。腳背要豐厚飽滿，腳心要空，空到能藏下雞蛋則佳，這也是所謂的「整」。五短身材雖看似不甚美觀，卻大多地位高貴，兩腿長得過分的，則往往命運不佳。一個人走起路來如同背了重物，那此人必定有高官之運，走路若像老鼠般步子細碎急促，兩眼又左顧右盼且目光閃爍不定者，必是貪財好利之徒。這些都是固定格局，屢試不爽。還有其他的格局：如兩手長於上身（最好超過膝蓋），上身比下身長，再有著一副上佳之骨，那麼一定會有公侯之封。再如皮膚細膩柔潤，就好像綾羅佈滿全身，胸部骨骼又隱而不現，文秀別緻，再有一副奇佳的神態的話，日後必然志向遠大。

形體與性格

　　胖子減肥，瘦子健美，都追求勻稱。其實，勻稱的身材不僅給人以體型的美感，研究還表明，身體勻稱程度才是人類智商的決定因素，身體勻稱的人更聰明。

❖ 袁天罡相人

　　唐貞觀初年，道士袁天罡以相術名揚天下。李世民曾召見他，大為稱讚，並在九成宮讓他為重臣張行成、馬周等人看相，所預測後事無不準確。《唐書》記載，當武則天幼年時，其母親楊氏請袁天罡為兒子武元慶、武元爽相面，袁天罡說可以官至三品，只是能保家的主兒，還不算大貴。楊氏又喚出武則天的姐姐（後封韓國夫人），袁天罡稱「此女貴而不利夫！」最後由保母抱出穿著男孩衣裳的武則天，袁天罡大為震驚，認為她「長著龍的眼睛，鳳的頭額，這是最顯貴的徵兆。假如是個女的，將來會當天子！」雖然這故事沒有多少科學根據，卻說明了古代識人的一些方法。

❖ 形體類別

　　古人曾把人的形體分為金、木、水、火、土五種類型：「木形青而瘦長，金形白而方正，水形黑而肥圓，火形赤而尖露，土形黃面敦厚。」這種分法兼重體格形態與色素，頗有參考的價值。「方」、「長」、「圓」、「露」、「厚」亦足以表示「金」、「木」、「水」、「火」、「土」五行的特性，詳言之，金形人其性格方正，木形人其性格敦厚，恰好表明一個人的體

冰鑑新解

格形態，正象徵其性格特點。

　　令人感興趣的是，德國醫生克雷奇米爾在上世紀二〇年代首先將體型與性格、心理聯繫起來，確定了四種基本體型：矮胖型、瘦長型、強壯型、異常型。到了四〇年代，美國醫生謝爾登區分出三種體型：內胚層型（柔軟、豐滿、消化器官發達）；中胚層型（肌肉發達、強壯有力）；外胚層型（瘦長、虛弱、神經系統敏感）。由此，他劃分出三種人格類型：內胚層型佔主導的人為「內臟優勢型」，其特徵是悠閒、好吃、行為緩慢、喜社交、寬宏大量，其心理特點為平和、善解人意；中胚層型佔主導的人為「身體緊張型」，其特徵是自信、大膽、健壯、精力充沛、冒險衝動，心理特點為任性、剛愎；外胚層型佔主導的人為「大腦緊張型」，其特徵是內向、拘謹、膽怯、不好社交、工作熱心負責、愛好藝術，心理特點為懦弱、穩重有餘。

　　當我們使用體型說時，最好遵循「盡信書不如無書」的原則，以免被其所左右。

觀相貌識人術

以貌取人，容貌長相決定一個人的仕途命運，這在古代並非新鮮事。

❖ 許負相周亞夫

古人認為人的面相、臉型與人的成就具有密切關係。清朝舉人會試三科不中，而年齡漸長，若生計艱難，需要俸祿來養家時，可申請「大挑科」。不試文章書法，專看相貌。

西漢時的著名將軍周亞夫是名將周勃的次子。起初，周亞夫沒有做王侯、當丞相的野心。當時有個叫許負的老婦，以善於看面相著名。有一次，周亞夫請她為自己看相，許負認為，他的命相比較尊貴，三年後可以封侯，再過八年，可以做丞相，地位顯貴；但再過九年，就會因饑餓而死。寥寥幾句，便說盡了周亞夫的下半生。許負還指出，周亞夫的嘴邊緣有條豎直的紋到嘴角，這是種餓死的面相。周亞夫驚訝不已。事也湊巧，過了三年，周亞夫的哥哥周勝之因殺人罪被剝奪了侯爵之位。文帝念周勃為漢朝建國立下赫赫戰功，於是下令推選周勃兒子中最優秀的人來繼承爵位，大家一致推舉了周亞夫。不久，吳王濞作亂，周亞夫領兵平服，被景帝拜為丞相。幾年後，其子偷偷買入五百件皇家殉葬用的鎧甲、盾牌，結果周亞夫被誣告謀反，牽連入獄。周亞夫絕食抗議，五天後吐血身亡，真如許負當年之所言。

❖ 曾國藩閱人

初募湘軍之時，曾國藩看到「黑腳桿又不多話的鄉野老實之人」，就出聲「好，好」，此人就錄取了；看到「白面皮的城市之人」或話多之人，就出聲「唔、唔」，此人就不選入。

湘軍後來擴大到數十萬人，當然不可能由他一一面試，但是麾下所有營官（校級）、統領（將級）仍然全都由他委派、批准，而且湘軍的幹部一律內升，也就是得一級一級上報，這也使得曾國藩識人的經驗一直在累積當中。一位幕僚後來著書回憶：「大帥在軍命將，說某人可為營官、某人可為大帥；某人福薄，當以死難著名；某人福壽，當以功久終。皆一一驗證。」

現代研究也發現，面孔的外形是對一個特定的人所特有的氣質、情緒和態度的一份永久紀錄。如今，在一些國外企業的員工招聘中，如泰國，借助於中國古老的相面術來招聘員工已經形成了一種風潮。

❦ 破解五官的祕密：五官是人的名片 ❧

臉型是一個整體結構，在識人時，五官是重要的辨識。

古人云：「人之善惡，其相必露。」意思是說，一個人的好壞、善惡，及他的性格特質，在他的面相上必然有所顯示。人們常說：「這個人滿臉橫肉，其人必殘酷、其性定毒」或「此人面如滿月，透著機靈與智慧，其人必是八面玲瓏，四面圓通」，這樣的推斷也往往會在生活中得到驗證。

眼睛黑白分明、神氣清爽，是健康之象；灰暗渾濁、枯澀呆滯，是不健康之象；顧盼無光、昏花恍惚，是衰弱之象。正因為眼睛對面孔如此的重要，所以說：「目者，面之淵，不深則不清」，淵要深才清，清才美。目也應該深，從而至清並至美，否則，便不會清，也不會美。值得注意的是，這裡的深指的是眼神深邃不露，而不是眼眶陷或眼窩深；而所謂「清」則是指整個面相的神色要清秀爽朗。

據說，秦始皇嬴政在年輕時容貌不佳。郭沫若綜合史書記載進行分析，斷定嬴政的外部形象是個典型的「軟骨症患者」：雞胸，長著一個起伏的馬鞍鼻，眼睛細長形似馬目，正中眼珠噴薄欲出，嚴重的氣管炎導致嗓音嘶啞，聽來如曠野「豺聲」。無疑，他的外在形象是不討人喜歡的，這也暗示了他冷酷、陰狠的個性。

據記載，清代的楊柏溪精於識人，他曾勸老師紀曉嵐入閣做官愈遲愈好。後來，紀曉嵐82歲時，才被拜為協辦大學士，僅做了十七天，就壽終正寢了。許乃普年輕時曾拜見楊柏溪詢問前程，被告知能做一品宰相。許乃普擔心活不了多少年，楊

柏溪說他骨法蒼老，是長壽之相。後來許乃普果然官至吏部尚書兼太子太保。

《冰鑑》中說：人的眼睛如同面部的兩方水潭，神氣不深沉含蓄，面部就不會清朗明爽。鼻子如同支撐面部的山脈，鼻梁不挺拔，準頭不豐圓，面部就不會出現機靈聰慧之氣。嘴巴寬闊又方正，主人得享千鍾之福祿；牙齒細小而圓潤，適合在外地發展事業。兩眼秀長並插至鬢髮處者，必掌司法大權；禿髮謝頂而使頭與面額相連、無限界者，能掌財政大權。口吃者無官運。面部肌膚粗糙如橘子皮的人不會發達。文人若左眼有傷，那麼將文星陷落而無所作為。鼻子如鷹嘴的人，必定內心陰險狠毒、喜傷人，後面這些都是貧賤的徵兆。

慧眼識五官

五官於臉上若配置得好，看起來勻稱，即讓人感覺順眼，但如果五官某一部位特別突出，則代表異相，可能具有出奇的性格。

❖ 五官配置

曾國藩觀人一定先觀眼神，其次看五官配置。在他的《日記》中有一例，針對當天見過的幾位新任哨官：

王春發：口鼻方正，眼有清光，色豐美，有些出息。
毛全陞：鼻梁正，中有斷紋。目小，眼無神光。口小，不可恃。
康順利：目小有精光，眉粗，笨人。

相書指出：「鼻為中嶽，五行屬土……需端正聳直」；「鼻梁不正，中年受困」；「鼻頭斜曲，壽命亦促」；「口不方者，不貴」，「口如一撮，孤獨貧賤。」可見曾國藩對於人物口鼻的價值判斷，皆奉古代相書之論為圭臬。

曾國藩還提出「真假看嘴唇」。他認為好的嘴唇是厚實的、中規中矩的。嘴唇最怕歪。曾國藩在很多日記裡講這個人「嘴歪」，下面就會講此人心術可能不正。凡是提到嘴唇和鼻子不正的人，他通常沒有好印象。除了歪斜，還有太薄的嘴唇他也不喜歡。他說男人的嘴唇不能太薄，要厚。厚實的嘴唇比較可靠。然後嘴唇又有血色，他認為嘴唇有血色的人，就是血性萬

里、陽剛之氣萬里。他說嘴唇很蒼白、烏黑的人不要去用他。如果血不好，就是身體不好，心臟供血能力比較差，那麼這種人也不堪大用。

❖ 捕獲信息

中醫認為，五官分應五臟，局部對應臟腑，五臟有病，望診可見病色。如果一個人臉色萎黃、頭髮稀少並缺少光澤，說明他目前的精神或身體狀態不理想；如果眼睛佈滿血絲，說明晚上沒有休息好，我們就有必要了解他的日常生活和朋友圈。

古希臘哲學家亞里斯多德說：「鼻頭圓大的人較理性及貪心，鼻頭尖削則易怒。」直至 18 世紀，有關理論仍廣為人知。英國著名作家狄更斯也深受影響，他在其小說中，將指使孩童犯罪的費金形容為「外形兇惡，面目可憎」；而守財奴的相貌就是「尖鼻」、「削面」及「瘦下巴」。

智慧拓展：影響力來自第一印象

第一印象包括談吐、相貌、服飾、舉止、神態等，這些給對方留下的都是新資訊，它對視覺衝擊強烈，能夠給對方一種新鮮感。

❖ 什麼決定第一印象

如果你給人的第一印象是呆板、虛偽、不熱情，對方就有可能不願意繼續了解你。即使在遠古年代，外界已經對我們的祖先提出了要求：迅速判斷面對的是朋友還是敵人。

曾國藩一見到江忠源，對他就有非常不錯的印象。曾國藩多次跟別人讚揚道：「此子必名揚天下，地位不在我之下。」正是這第一印象，成為後來曾國藩積極提拔江忠源的關鍵所在。

蔣介石在創辦黃埔軍校時，識人也比較重視第一印象。起初，浙江青年陳誠擔任帶兵官，他決心做出一番事業來，但由於身材矮小、其貌不揚，並沒有引起蔣介石的注意。一天晚上蔣介石查哨，看見房間裡有微弱的燈光，以為是學生兵不按照作息時間休息，非常生氣。推開門，他看見一個人正在看書。蔣介石起先以為是小說，拿起來一看，原來是《三民主義》，立即轉怒為喜。再看看陳誠，雖然其貌不揚，但眉宇之中透出一種英氣，神態自若，並沒有驚惶失措。蔣介石與他聊了兩句，就走了。次日早操完畢，蔣介石宣布：「炮兵區隊隊長陳誠，發憤刻苦，精神可嘉，特提升為少校炮兵隊長，以資鼓勵。」

❖ 給人好印象，只需七秒鐘

　　策劃專家有一句名言：「要給人好印象，你只需要七秒鐘。」經驗表明，在面試時，第一個五分鐘的印象往往對錄取與否有較大的影響。管理者在會見新來的員工時，從這些人的外表、表情動作、語言談吐、知識水準等方面，可以迅速形成第一印象。

　　實驗顯示，見到一個陌生人時，你頭髮的樣式比面部特徵更能吸引對方的注意。長髮暗示著健康和性感，短髮看起來自信而成功，自然、中長、沒有特定款式的髮型，則讓人感覺智慧和真實。此外，握手也能傳遞重要資訊。研究發現，那些握手時目光和你直接接觸、手掌乾燥、堅定有力、自然擺動而非無力、潮濕、試探性的人，不僅能讓你對他感覺良好，還將取得你的信任。

古人論儀表

一個人的儀表、儀態，是其修養、文明程度的表現。

❖ 相鼠有皮

古人認為，舉止莊重，進退有禮，執事謹敬，文質彬彬，不僅能夠保持個人的尊嚴，還有助於進德修業。古代思想家曾經拿禽獸的皮毛與人的儀表、儀態相比較，禽獸沒有了皮毛，就不能為禽獸；人失去禮儀，也就不成為人了。

三國時曹操說過，即使是謙謙君子，也要使其衣冠整齊，使與瞻視有關的內容看上去令他人感到受尊敬。曾國藩也指出，「有感於內，必形於外」。一個人的修養往往表現於外表。舉止衣著先有三分氣象，話未出口，已有七分先機。一個體態瀟灑、儀表堂堂、言談舉止文雅的人，會給人留下美好的印象。反之，則給人以不良印象。

❖ 儀表三要求

古人對儀表的要求中最重要的，有以下三個方面：

【衣著容貌】：《弟子規》要求：「冠必正，紐必結，襪與履，俱緊切。」這些規範，對現代人來說，仍是必要的。如果一個人衣冠不整、鞋襪不正，往往會使人產生反感甚至噁心。當然，衣著打扮必須適合自己的職業、年齡、所處的環境和交往對象的生活習俗。濃妝豔抹，矯揉造作，只會適得其反。

【行為舉止】：孔子說：「君子不重則不威，學則不固。」這是因為，只有莊重才有威嚴。否則，即使學習了，也不能鞏

固。具體說來，要求做到「站如松，坐如鐘，行如風，臥如弓」，就是站要正，坐要穩，行動俐落，側身而睡。在公眾場合舉止不可輕浮，應該莊重、謹慎而又從容。

【言語辭令】：語言是人們思想、情操和文化修養的一面鏡子。古人所謂「修辭立其誠，所以居業也」。將誠懇地修飾言辭看成是立業的根基，有一定的道理。並且要「言必信，行必果」。巧言令色的人，是不可能取信於人的。其次是慎言。古人說，上天生人，於舌頭上下緊密圍裹兩排牙齒，又在外面包一層厚厚的嘴唇，就是要人們說話一定要謹慎。

雖說時代不同了，但古人對儀容、儀表的重視及對儀容整潔的要求，是值得今人借鑑的。外在形象是一種無聲的語言，它反映出一個人的道德修養。

❧ 容貌恭敬是吉利 ❧

孔子說，君子有九件用心思慮的事，「容貌要想到是否恭敬」是其中之一。

❖ 驕縱多禍患

古人認為，容貌恭敬是吉利，不恭敬就會怠惰、倨傲、驕縱，這樣一來就會有禍患；如果舉止端莊則吉利，如果舉止不端莊，如步履太大，高視闊步，站位不當就會有禍患。這些觀點都是根據人情事理，與陰陽五行災異之說迥然有別；只不過是論述容貌的地方比論述舉止的地方多一些。

《後漢書》記載，漢桓帝時梁冀把持國政，兄弟富貴盛極，驕傲自恃，喜歡驅馬駕車，長驅直入，甚至回家時仍然馬不停蹄，長驅而入，老百姓稱其為「梁家滅門驅馳」，後來梁冀兄弟及家人便被誅滅。《續世說》中記載張融的舉止也很奇特，平常居坐是腳膝端正，走路時則拖沓緩慢、昂首翹身、花樣繁多，見到他的人都很驚異，但張融卻面無慚色如無事一般。齊高帝說：「這種人沒有也不行，但絕不能有第二個！」以上這些就是容貌、舉止二者並論了。

❖ 謙恭處世

古人在《日省編》中曾提出「居官四勿」：「勿謂一念可欺也，須知有天地鬼神之鑑察；勿謂一言可輕也，需知有前後左右之竊聽；勿謂一事可忽也，需知有身家性命之關係；勿謂一時可逞也，需知有子孫禍福之報應。」其實，無論是古代為官，

還是今朝處世，把持一種虔誠恭敬的人生態度至關重要。對此，唐代的名相宋璟論述說：

　　站立要像喬木松柏一樣，端坐要如華山泰嶽一樣，前進要像太陽一樣朗朗正正，意氣垂豫，不疾不徐；後退要如流水一般，步履輕盈、態度安詳，既不顛躓，也不背逆，這樣的人是高居上位的君子之相。站立時容貌端肅像齋戒一樣，端坐時容貌如同參拜祭祀一樣，拜見高貴顯榮之人時，不自覺地落落大方，步履輕飄；辭別孤立無援、貧寒微賤的士人時，不自覺地依依不捨，步履徘徊，這樣的人是身處下位的君子。

　　在眾人矚目的地方，落座時故意做莊嚴肅穆狀；於稠人廣眾之中，進退舉止故意裝做安然舒泰，一拱手一作揖都顯現出骨頭軟、屁股大者，是身居上位的小人。站立落座都不端正，手腳不停地搖擺，進見時則驚慌倉皇、舉止失措，退去時則急走快跑，形象慌張，肩也聳，背也搖，是身居下位的小人。

❖ 以貌取人的利弊 ❖

出眾的容貌、整潔的儀表也是競爭力之一。

❖ 辨證看待

　　心理學家做過一個試驗：分別讓一位戴金絲眼鏡、手持文件夾的青年學者，一位打扮入時的漂亮女郎，一位提著菜籃、臉色疲憊的中年婦女，一位留著怪異頭髮、穿著邋遢的男性青年在公路邊搭便車。結果顯示，漂亮女郎、青年學者搭便車的成功率很高，中年婦女稍微困難一些，那個男性青年就很難搭到車。可見，不同的外貌會代表不同的人，隨之就會有不同的際遇。

　　但以貌識人，也並非萬能。夏桀、商紂長相俊美，身材魁梧，勇武超群，卻是殘虐眾民的暴君。與此相反，歷史上其貌不揚的奇才卻大有人在。

　　三國時，鳳雛龐統與諸葛亮齊名，初投劉備時，劉備「見統貌陋，心中不悅」，令其去一偏僻小縣耒陽任職。龐統不問政事，日日醉酒。劉備於是命張飛前往視察，龐統當著張飛的面，邊聽訴狀邊判案，幾個月積壓的官司，只用三天就判清。張飛急忙覆命，劉備便召見龐統，與之暢談後，對他大為器重。

　　鍾馗是我國民間專門驅鬼的神，歷史上確有其人。他生於唐代，極有才華，只因相貌奇醜，考中進士而不為皇帝所用，皇帝說他的相貌醜得連鬼都怕，譏笑他只能去管鬼。據《舊唐書》記載，考試合格只是基本要求，最終能否得到官職，還有吏部的四道關卡要過，其中有一條便涉及長相。看來鍾馗蒙受

冤屈的傳說是有著實際依據的。

❖ 勿走極端

崇拜曾國藩的蔣介石雖然喜歡用相面術識人，成功的有，但也多錯失棟樑之材。徐向前在黃埔軍校時，有一次蔣介石找他到辦公室談話，徐向前生性靦腆，不愛說話，蔣介石問一句他答一句，加上一口山西口音，使蔣介石聽起來很費勁；又見徐向前的背不直，人長得也不太「威武」，蔣介石便認為他「不可用也」。而後來，這位不被蔣介石重視的徐向前，展示了自己的雄才大略，創建了鄂豫皖、川陝根據地，把昔日的校長指揮的國民黨軍隊打得慘敗。在國共內戰時期，他對蔣家軍作戰，更是摧枯拉朽，成為共軍十大元帥之一，這是蔣介石做夢也想不到的。

從表情考察內心世界

> 人身之有面，猶室之有門，人未入室，先見大門。

❖ 心思外現

表情是人內心的情感在面部、聲音或身體姿態上的表現。人們常說情動之於心，形之於外，傳之於聲就是這個道理。

梁（魏）惠王的一位寵臣把策士淳于髡推薦給惠王，惠王摒除左右親信，單獨接見淳于髡兩次，但淳于髡始終沒說一句話。惠王感到奇怪，責備推薦淳于髡的那位寵臣，那位寵臣轉告了淳于髡。淳于髡說：「我第一次見梁王，梁王內心在想著騎馬馳騁；第二次見梁王，梁王內心在想著欣賞音樂，所以我才沉默不言。」寵臣把這話上報給梁王，梁王大驚：「淳于先生真是聖人啊！第一次接見他時，恰好有人來獻好馬，我還未來得及試騎，淳于先生就來了。第二次接見他時，又有人獻來歌手，我還沒來得及聽，正巧淳于先生又到了。我當時雖然摒除左右親信，然而心思確實不在這裡。」可見，一個人的態度可以從他的神情探測出來。

❖ 表情的涵義

燕國太子丹為了避免被秦國征服的命運，決定向秦王「示好」，派刺客荊軻、秦舞陽赴秦，獻上燕國的督亢地圖，及秦國叛將樊於期的頭顱。謀刺行動瞞過了秦王，進行得十分順利，卻在緊要關頭，被秦舞陽壞了大事。這名殺人不眨眼的少年，沒見過世面，有勇、無謀、沒膽，一見秦國朝堂那威嚴的樣子，

臉色又青又白，亂了步調。秦王因此起疑，要看秦舞陽手中的地圖，荊軻被迫倉促出手行刺，功敗垂成。

在特定的環境中，表情更是真實反映人性的一面「不會說謊的鏡子」。人的臉常常被稱為「第一表情」，而手、腕、肩名列第二，身體和腳則為第三。在人們大量的日常交往中，表情所傳達的無聲的感情資訊比任何生動的語言都要更加微妙。如果你想了解對方，看著對方不斷變化著的面部表情，就能知道對方的情緒反應。

如果在與人交往時忽視了表情的合理運用，就很有可能招致不必要的麻煩。例如，你最好不要一邊對人說著「歡迎歡迎」，一邊卻面無表情；一邊與人親切握手，一邊眼神卻環顧四周。否則，你的傲慢與無禮將使你的人際交往毫無進展。

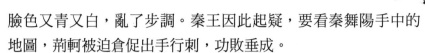

觀人需注重表裡如一

「人無信不立。」表裡不一，行為不正的人，不被人信服；言語不誠實的人，不必與他共事。

❖ 天不容偽

曾國藩非常注重對自己的人生修練，有五個字可以概括。首先是誠，誠實、誠懇，為人表裡如一，自己的一切都可以公之於眾。他說：「馭將之道，最貴推誠，不貴權術。」意即是說要掌握軍隊，駕馭將領，就要講忠誠，而不能玩弄權術。

白居易有詩曰：「笑中有刀潛殺人」。笑中有刀，指的是唐高宗時的寵臣李義府。他為人「貌狀溫恭，與人語必嬉怡微笑，而褊忌陰賊」。他以拍馬屁起家，得權後，專事籠絡與鬥爭。他要打擊異己時，總是先向對方表示善意，笑臉以對，所以人稱他為「笑中有刀」。

蘇東坡說：「天不容偽」，是說天下不容忍虛偽欺詐的行為。它給我們的啟示，就是要做誠信的人，而不能做一個虛偽欺詐的人。一個人如果任何時候都能做到表裡如一、待人真誠，說話辦事講信用，就會得到人們的信任和尊重。北宋詞人晏殊，十四歲參加科舉考試。當考題發下後，他發現自己已做過了，便向考官要求換一道題。皇帝知道後對他的誠實讚不絕口，看到他的文采可佳，便任命他當太子的老師。

❖ 自省自警

宋代包拯為官清廉，秉公執法、鐵面無私，內心剛正清明、

表裡如一，可謂是古代官員的楷模之一。明代山西汾陽知縣湯信，信廉嚴謹、剔弊除奸、兩袖清風。他在大堂內曾自題一聯：「做汾陽一行吏，春溫秋肅；受暮夜半文錢，地滅天誅。」清光緒進士忤壎，在河北樂亭當知縣時，曾在大堂柱上親自書一幅警聯：「受一文分外錢，遠報兒孫近報身；做半點虧心事，幽有鬼神明有天。」封建迷信固然不值得提倡，但處世應有敬畏之心，這點是肯定的。

　　忠直高尚的人，不論動靜還是人前人後，都是表裡如一，始終不變，清白淨潔的。他們對人一視同仁、處事公平公正，沒有暗箱操作，也不會當面「口抹蜜」，背後「捅刀子」。具有這種特徵的管理者往往使人有「安全感」，並能得到別人充分的信任。

「相由心生；有感於內，必形於外」——曾國藩

第四章

情態鑑

觀情態，識良莠

情態是精神的流韻：情態顯露風度

情態舉止，包括行相、坐相、臥相、食相、談吐和喜怒哀樂等。歷代智者都在察人形相的同時兼及舉止情態。

曾國藩認為，一個人的「神」與「情態」是裡與表的關係。「神」蓄含於內，「情態」則顯於外，「神」以靜態為主，「情態」以動為主，「神」是「情態」之源，「情態」是「神」之流。

「情態」是「神」的流露和外現，如果其「神」或嫌不足，而情態優雅灑脫，情態就可以補救其「神」之缺陷，所以說「常佐神之不足」。

情態與容貌之間，也是既有聯繫又有區別。容貌為形體的靜態之相，是表現儀表風姿的。情態為形體的動態之相，是表現風度氣質的，二者質不同，「形」亦有別。然而二者卻可以相輔相成、相得益彰。常見容貌清秀美麗，而情態俗不可耐者；也有容貌醜陋不堪，而情態端謹風雅者，二者均令人遺憾。

曾國藩在祁門時，著名俠客許蔭武藝極好，能飛簷走壁，一百多名兵卒將他圍住，他也能從容自如地殺進殺出。但曾國藩沒有收留他，並向謀士解釋，這種劍俠邪多正少，不遵守法度，留之則壞軍紀。

曾氏辦團練之初，江忠源是其重要助手。江忠源篤於友道，有客死京城的朋友，他一定想盡辦法送友人屍骨返鄉，曾國藩稱之為「真俠士」。他第一次見江忠源後，即認為此人器度不凡，忠義血性，必以節義死。果然，1854 年，時任安徽巡撫的江忠源進駐廬州，阻擊石達開率領的西征軍。太平軍以地雷攻破廬州城，江忠源身受重創，自墜古潭而死，年僅 42 歲，應驗了曾

國藩十年前所預言的「以節義死」。

《冰鑑》中說一個人的容貌是其骨骼狀態的餘韻，常常能夠彌補骨骼的缺陷。情態是精神的流韻，常常能夠彌補精神的不足。久久注目，要著重看人的精神；乍一放眼，則要首先看人的情態。凡屬大家──如高官顯貴、碩儒高僧的舉止動作，即使是羞澀之態，也不失為一種佳相；而凡屬小兒舉動，如市井小民的哭哭笑笑、又跳又叫，愈是矯揉造作，反而愈是顯得幼稚粗俗。看人的情態，對於大處當然也要分辨清濁，而對細處則不但要分辨清濁，還要分辨主次方可做出取捨。

功名看氣概，富貴看精神

非凡的精神、氣概絕不可能靠偽裝得來。

❖ 相動靜

古代相學典籍中對舉止情態的命理之說，多分散在相行、相坐、相臥、相食、相言語、相情態等有關的章節中。如《神相全編·相坐》說：「凡行屬陽，坐則屬陰。陽主動，陰主靜，凝然不動者，坐之德也；腿搖膝動者，財散之人；反身轉首，人坐如狗，不端不正，食薄之相；其貌不恭，其體不謹，謂之體緩肉流，非壽相也。」

唐代宰相魏元忠年輕時，曾遠行千里求著名相士張憬藏看相，張憬藏很是冷淡。魏元忠大怒，斥責對方後，拂衣而去。張憬藏慌忙站起身解釋：「您的相祿，在發怒中才能看出來，以後一定位極人臣。」這裡，張憬藏所用的即相動靜之法。

❖ 非凡氣概

宋代韓琦以品行端莊著稱，但情急之下表現出的果敢，無人能比。宋英宗剛死時，朝臣急忙召太子進宮，太子還沒到，英宗的手動了一下，宰相曾公亮嚇了一跳，想阻止太子進宮。但韓琦表示，先帝要是再活過來，就是太上皇。他越發催促人們急召太子，從而避免了權力之爭。宦官任守忠常祕密探聽東、西宮的情況，在皇帝和太后間進行挑撥。韓琦曾當機立斷，用未經中書省審核公布的文書把任守忠傳來，斥責一番，然後拿著空白敕書填寫上貶官至蘄州，便派使臣把任守忠押走了。這

樣，他輕易除去了奸人，而仍不失忠厚。

　　曾國藩做事，很注重氣概、精神。一次，下屬起草的一份奏摺中說這段時期打仗「屢戰屢敗」，曾氏琢磨一番，改為「屢敗屢戰」。看似不經意的改動卻使通篇文章精神大變，表現出敗而不餒的氣概。

　　清末學子俞樾在進士複試時，考題是並不吉祥的「淡煙疏雨落花天」。眾人都在「落花」的悲傷處入手，終無法脫穎而出。俞樾則一反常態，寫出「花落春仍在」之句，有了勃勃生機。曾國藩和同僚們閱卷時，有人認為俞樾倉促間能寫出如此佳作，一定是抄襲舊作。且當時科場尤重書法，俞樾小楷卻寫得一般，只有曾國藩力排眾議，以為「此生他日成就，未可量也」！「花落春仍在」，大概與曾國藩那執著的人生態度有暗合之處。結果，俞樾得中殿試第一。

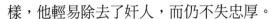

第四章　情態鑑

觀情態，識良莠

129

❧ 看大旨也看細處 ❧

大旨亦辨清濁，細處兼論取捨。

❖ 以一斑窺全貌

生活上有些司空見慣的細節往往很少引起人們的注意和思考，智者卻可以從一人的一個動作、一種習性中窺伺人的本質，識辨人才。

北宋時，蘇軾曾與朋友謝景溫出遊，一路相談甚歡。這時，一隻受傷的小鳥從樹上掉下來，謝景溫抬腳就把這隻小鳥踢到一旁。他這個看似漫不經心的動作，讓蘇軾心涼了半截：這一定是個輕賤生命、損人利己之徒，不可深交。此後，蘇軾便與謝景溫斷交。謝景溫的妹妹是王安石的弟媳，所以深得王安石的重用。他為討好王安石，便誣陷蘇軾運售私鹽，企圖將他治罪。時人皆嘆蘇軾果能識人。

明朝大將洪承疇在松山戰敗被俘後，清人極力勸其投降，但洪承疇誓死不降。范文程前去勸降，交談中，時有樑上積塵飄落在洪承疇的衣襟上，洪屢屢拂拭之。

機敏的范文程見此情景，便斷定洪承疇必可說降。他稟告皇太極道：「承疇如此愛惜舊衣服，何況他的性命？」不久，莊妃以美色勸降，遂成功。在這裡，范文程是透過「拂灰塵」這個動作，來判斷洪承疇的內心，而推導得出其有求生欲望的結論的。

❖ 小中識大

　　曾國藩擔任兩江總督時，表弟江慶從家鄉趕來，希望謀份差事。曾國藩將表弟安排在身邊，交辦一些上傳下達的閒散事務。經過一段時間的觀察，曾國藩發現表弟儘管能力平庸，但辦事認真，尚屬可造之材。但不久後，他便發覺江慶褊狹怠懶的弱點漸漸曝露。江慶經常打著他總督表弟的旗號，在其他幕僚面前指手畫腳，搬弄是非。曾國藩與江慶同桌吃飯時，總是咬去米飯中未脫盡的穀殼，將裡面的米嚼碎嚥下，江慶則不然，直接挑出穀粒扔掉。曾國藩覺得表弟本為農家子弟，卻盡沾染些遊惰之氣，不宜繼續留在幕府，於是親自手書一聯，告誡表弟「世事多因忙裡錯，好人半從苦中來」，又拿出一百兩銀子送他作為置業本錢，將他打發回家了。

　　真正有洞察力的人，感官神經時時處於高度警覺的狀態，對任何現象都感興趣，即使是對那些常規的、常見的現象，也從不輕忽大意。

常見的四種情態：由情態看人才的類型

情態，各有所長，各有所短，作為用人者，應迎其長，避其短。

《冰鑑》：「人有弱態，有狂態，有疏懶態，有周旋態。飛鳥依人，情致婉轉，此弱態也。不衫不履，旁若無人，此狂態也。坐止自如，問答隨意，此疏懶態也。飾其中機，不苟言笑，察言觀色，趨吉避凶，此周旋態也。」

曾國藩在這裡提到了四種常見的情態：

「弱態」之人，情性溫柔和善，平易近人；往往愛多愁善感，缺乏陽剛果敢之氣，有優柔寡斷之嫌，如後主李煜。

「狂態」之人，大多不滿現實狀況，憤世嫉俗。如禰衡、鄭板橋。

「疏懶態」之人，大多有才可恃，對世俗公認的行為準則和倫理規範不以為然、滿不在乎，由此引發而為怠慢懶散，倨傲不恭。如陶淵明、王維、杜牧。

「周旋態」之人，智慧極高而心機過人，待人則能應付自如。如完璧歸趙的藺相如、「羅鍋宰相」劉墉。

這幾種情態，各有長短，作為用人者，應迎其長，避其短。在察看之時，則應從細小處入手，方可明斷其是非真假，正大者可成器材，褊狹者會成敗類，應注意區分。

漢代名將周亞夫在平定七國之亂時立下了赫赫戰功，之後

【冰鑑新解】

又累官至丞相。漢景帝在選擇輔佐少主的大臣時，特意考察了他。一次，景帝在宮中召見他，並賞賜食物。可周亞夫的席位上卻只有一塊未切好的大肉，也沒有筷子。周亞夫很不高興，轉頭叫管酒席的官員取筷子。景帝笑著譏刺說：「這難道還不夠讓人滿意嗎？」周亞夫於是免冠告罪請退。景帝認為，輔佐少主的大臣，一定要穩重平和，任勞任怨，因為少主年輕氣盛，難免有過失。連老皇帝對他不禮貌的舉動，周亞夫都不能忍受，以後又怎麼能包容少主的過失呢？賞賜的肉雖不方便食用，他也應該恭敬地吃下去。他要筷子的舉動，在景帝看來就是非分的作法，輔佐少主時，會不會有更多非分的要求呢？這是漢景帝不能不防的，所以他果斷地放棄了周亞夫。

　　《冰鑑》中說，常見的情態有以下四種：委婉柔弱的弱態、狂放不羈的狂態、怠慢懶散的疏懶態、交際圓滑周到的周旋態。如小鳥依依，情致婉轉，嬌柔親切，這就是弱態；衣著不整、不修邊幅、恃才傲物、目空一切、旁若無人，這就是狂態；想做什麼就做什麼，想怎麼說就怎麼說，不分場合，不論忌宜，這就是疏懶態；把心機深深地掩藏起來，處處察言觀色，事事趨吉避凶，與人接觸圓滑周到，這就是周旋態。這些情態，都來自於內心的真情實性，不由人任意虛飾造作。委婉柔弱而不曲意諂媚，狂放不羈而不喧譁取鬧，怠慢懶散卻坦誠純真，交際圓潤卻強幹豪雄，日後都能成為有用之材；反之，都會淪為無用的廢物。情態變化不定，難以準確把握，不過也能看出個二三成。

❀ 弱而不媚為佳 ❀

　　無論貧富窮達，只要不懦弱、不欺世地做人，就能活得坦坦蕩蕩，光明磊落。

❖ 可憐薄命做君王

　　曾國藩認為，「弱態」之人，性情溫柔和善，優柔寡斷。如「弱態」帶有「媚」，則變為奉迎諂媚之流，這是一種賤相。

　　李煜是南唐的末代國主。他即位時，南唐國力已呈衰頹之勢，這位性格懦弱的國主時時刻刻都感受著國破家亡的威脅。他仇恨宋朝的壓迫，但又沒有能力用武力與宋朝相抗衡，為了能以小邦苟且偏安，他只有對宋年年納貢，委曲求全。後來，宋軍攻破金陵，李煜率大臣出降，被押到汴京，宋太祖封他為「違命侯」。西元 978 年 7 月，李煜被宋太宗賜服牽機藥而死。後人曾這樣評李煜：「做個才人真絕代，可憐薄命做君王。」著眼歷史的角度，李煜是個失敗的君主。

❖ 氣節的喪失

　　現代文化名人周作人生來懦弱，對妻子，甚至於對亡國，都逆來順受到極致，甚至逼得兄長魯迅與其反目。1937 年北平陷落之後，一方面北大、清華等著名大學和很多文化機構都已南遷，二則國難當頭，留在北平意味著要在日軍的統治下做事吃飯，更有可能被逼為日所用，文人因此紛紛南下。周作人接到胡適的來信，勸他南行，周以家累為由，選擇留在北平。一開始，他尚能潔身自好。1939 年元旦上午，周作人突然被一位

陌生來客刺殺，這就是轟動一時的「刺殺周作人」事件。這次暗殺行動中，周宅附近的一名車夫被打死，一名車夫被打傷，周作人的學生也肩部受傷，周作人本人因為毛衣鈕釦阻擋了子彈，反而毫髮無傷。據說，這次暗殺是日本人一手策劃的，這迫使周作人迅速做出抉擇。從此，周作人就當了日方教育總署的督辦，成了「漢奸」。他的「弱態」，致使他晚節不保，實在令人遺憾。

　　生活中，我們常常看到這樣的人：面對他人的無理指責，他只默默承受；自己的利益受到侵犯時，總是忍氣吞聲……個性軟弱，實際上就是缺乏自信。心理學家認為，沒有天生的怯弱者，一切怯弱的個性都是後天學來的。人的膽小，不敢維護自己的權益，不好拒絕別人，不敢大聲講話等行為表現，都是在不知不覺中學來的，是完全可以改變的。

❧「驕狂」誤人 ❧

狂狷者顯得豪放，但一味恃才放曠，譁眾取寵，則淪
為末流。

❖ 恃才放曠

一個人有才華、有能力是好事，但如果因此驕狂不羈，那
麼他的下場通常會比較可悲。三國時的楊修，才智聰明過人，
偏偏恃才放曠：揭穿曹操夢中殺人的把戲，干涉曹家的事務，
乃至擅行軍令「雞肋」，結果被殺頭。

晚清名臣左宗棠個性剛直果斷，嫉惡如仇。雖才華橫溢，
然而多次進京趕考卻未及第，且特別敏感。有一次曾國藩在給
左宗棠的信中，出於謙讓，用了「右仰」這樣的客套話。左宗
棠卻很是不快地道：「他寫了『右仰』，難道要我『左俯』不成！」
嫌隙由此而生。在做曾國藩的幕僚時，左宗棠稱呼他人從來都
直呼其名，唯對曾國藩客氣一點，叫他「滌生」（曾國藩的字）。
當時曾國藩與太平軍作戰不順，左宗棠便與朋友說曾才短，帳
下又無人才，曾國藩非常惱火。曾國荃攻陷天京後大掠財物，
使朝廷不滿。曾國藩為表功避禍，上奏稱幼天王死於亂軍中。
其實幼天王逃出未死，左宗棠幸災樂禍地告到朝廷。曾國藩恨
之入骨，二人從此交惡。

❖「驕狂」之悲

大學者龔自珍為人恃才傲物，狂放不羈。長子龔橙也繼承
了他的個性，世稱狂士。後來他流落到上海，依然放蕩不羈、

揮霍狎妓，並投靠了英國公使威妥瑪。1860 年，英法聯軍入侵中國，龔橙隨英艦北上來到北京。據說是他親自將聯軍引進圓明園，並搶先一步單騎直入，取珍寶重器以歸。然後，就有了那場震驚中外的大火……龔橙晚年極為潦倒，最後因精神失常發狂而死。父子倆一個愛國，一個賣國，實在令人喟嘆。

曾國藩本人對「驕」字有切膚之痛，湘軍的幾次大敗仗，如靖港之敗、九江湖口之敗、祁門之圍，都是他直接指揮的。這除了他本為文人、不懂打仗之外，驕氣太盛而聽不進別人的意見，也是導致失敗的重要原因。在祁門之圍中，由於他只考慮到地理位置的優越，而未加考慮戰時的退路，就定下以祁門作為指揮部的決定。當時，李鴻章極力勸諫，而曾國藩就是聽不進去。結果導致指揮部最終被圍，他自己也差點被俘。

驕狂之氣為大敵。古往今來由驕狂而奢侈，由淫逸而放蕩，以至於身敗名裂的事例數不勝數，今人不可不慎。

戒除疏懶之態

> 曾國藩的成功，用他自己的話說，是因為他的勤奮與執著。

❖ 疏懶多招禍

曾國藩不喜疏懶之人，《曾國藩家書》說：「諸弟不好收拾潔淨，此是敗家氣象。一代疏懶，二代淫逸，則必有晝睡夜坐、吸食鴉片之漸矣。」以小見大，防微杜漸，非深謀遠慮，不能看出。

魏晉時，名士嵇康在《與山巨源絕交書》裡嘻笑怒罵，說自己「性復疏懶，筋駑肉緩，頭面常一月十五日不洗，不大悶癢，不能沐也」，其疏懶張狂招致了不少嫉恨。後來權臣鍾會找了個藉口，以政治迫害的手段殺掉了他。

曾國藩創辦湘軍時講究「勤」字，那些懶散、怠惰和疲沓的人，成為首先被淘汰的對象。他自己更是以身作則，每天早起，親自訓練。曾國藩辦事勤奮，在他任直隸總督時表現得最為突出。1869年初，他進京面聖。當時直隸雖是京畿重地，但官員懶散只知玩樂，訟案堆積如山，民怨沸騰。曾國藩一上任，就整頓吏治，拿這些人開刀。吳橋知縣王恩照、曲陽知縣萬方泰、武強知縣王庶曾、遷官知縣周培錦、冀州知州宋炳文等人性情疏懶，不理訟獄，曾國藩一律奏請革職，吏治民風，為之一振。

❖ 李鴻章戒疏懶

李鴻章出身富豪之家，有著不慣拘束的文人習氣，疏懶無「恆」是他的一大缺點。他辦團兵敗後投到曾國藩門下，可曾氏卻藉口軍務繁忙，竟然不見，甚至在別人面前對李鴻章出言相譏。其實他是想挫一挫李鴻章的銳氣和稜角。

軍中「日課」包括黎明議事、同吃早飯。李鴻章是江淮人，不習慣湘菜口味，且不願早起。一天，他以頭痛為由未來就餐，曾氏不斷派人催請，自己則正襟危坐，停箸等待，李鴻章只好起床，匆匆趕到大營。他一入座，曾氏就下令開飯。飯後，曾氏板起面孔告誡：「此處所尚，唯一誠字而已。」從此，李鴻章改掉了睡懶覺的毛病。

李鴻章素有文才，曾氏就讓他掌管文書事務，以後又讓他幫著批閱下屬公文，撰擬奏摺、書牘。李鴻章處理得井井有條。幾個月後，曾氏又當眾誇獎他。李鴻章曾對人說：「過去，我跟過幾位大帥，糊糊塗塗，不得要領；現在跟著曾帥，如同有了指南針。」曾氏的苦心栽培，終於把李鴻章磨礪成了晚清的擎天一柱。

用人方略

成在用人，敗在用人。用人與決策一樣是成為有效領導者的重要職責。

❖ 知人善用

雄才大略的康熙皇帝說：「知人難，用人不易。致治之道，實關於此。」如何善於用人，古人提出了如下諸多的用人原則。

春秋時晉國大夫祁奚請求辭職，晉悼公要他推薦一個有才能的人繼任，他推薦了與他有私仇的解狐。解狐上任不久後就去世，悼公又要他推薦，他推薦了自己的兒子祁午。包括孔子、韓非子在內，都讚揚祁奚「外舉不避仇，內舉不避親」。

據《宋史》記載，參知政事（相當於宰相）范仲淹在用人上十分嚴謹、公正。仁宗當政期間，他在審查擔任各路按察使的人選時，每當看到名單上有不合格的人，便一筆勾之。一次，有位大臣勸他：「一筆勾之甚易，焉知一家哭矣」，范仲淹則回答：「一家哭何如一路哭，能用一人的榮辱使一路的百姓遭受危害嗎？」

朱元璋打天下的時候，從浙東得到「四賢」。他根據他們各自術業的專攻，予以重用。劉基善謀，留他在身邊參與軍國大事；宋濂長於寫文章，叫他主理文化；葉琛和章溢有政治才幹，便派他倆去治民撫鎮。

❖ 得人不外四事

曾國藩以八字總結用人之道：「得人不外四事，曰廣收、

慎用、勤教、嚴繩」。鮑超是湘軍名將，他本來是胡林翼的舊部，後來因為與多隆阿不和，便以省親為名離開軍營。他的同鄉李申甫是曾國藩的幕僚，便將他推薦給了曾國藩。一開始曾國藩只交給他兩營人馬，鮑超嫌少。李申甫將鮑超的不滿告訴了曾國藩。曾國藩認為，他尚無尺寸之功，怎麼能現在就嫌兵少呢？姑且先率兩營，待稍有功績，再加兵不遲。鮑超非常鬱悶，打算離開。不久太平軍大舉來攻，曾國藩派鮑超前去增援，結果大勝而歸，曾國藩立即對他進行獎勵，並給他加了好幾個營的兵力。從此，鮑超再也不提要走的事了。

在長期的用人實踐中，曾國藩總結出了一套切實可行的考察人才的辦法，這就是「試以艱危，責以實效」。試以艱危，就是將其放在艱難而又充滿危險的環境中加以考驗；責以實效，就是看其實績如何，據此來判斷是否可以勝任重責大任。

不常出現的時態：由時態察人

「時態」不常出現，卻是一個人的本性流露。從細微處著眼，可識良莠真偽。

《冰鑑》認為，前一章所說的，是在人們生活中經常出現的情態——「恆態」。除此之外，還有幾種不經常出現的情態——「時態」。

如正在跟人進行交談時，他卻忽然把目光和思路轉向其他地方去了，足見這種人毫無誠意；在眾人言笑正歡的時候，他卻在一旁漠然冷笑，足見這種人冷峻寡情。這類人城府深沉，居心險惡，不能跟他們建立友情。

別人發表的意見未必完全妥當，他卻在一旁連聲附和，足見此人胸無定見；還沒有跟這個人打交道，他卻在背後對人家進行惡意誹謗和誣衊，足見此人信口開河，不負責任。這類人庸俗下流，卑鄙可恥，不能跟他們合作共事。

無論遇到什麼事情都不置可否，而一旦事到臨頭就遲疑不決、猶豫不前，足見此人優柔寡斷；遇到一件根本不值得大動感情的事情，他卻傷心落淚，大動感情，足見此人缺乏理智。這類人的仁慈純屬「婦人之仁」，不能跟他們推誠交心。

然而以上三種情態卻不一定能夠決定一個人終生的命運。如果能夠反以上三種人而求之，那麼就幾乎可以遍交天下之士了。

曾國藩認為，從幾種不經常出現的情態——「時態」中也可看出一個人的個性、內心。

「神忽他往」、「此獨冷笑」，均不合常理，這種人多半是胸懷城府，居心不良之人。「極口稱是」、「故意詆毀」這兩種人，由於品格卑下，又庸俗無恥，既不能與之共事，更不可與之交友。「漫無可否，臨事遲回」、「不甚關情，亦為墮淚」，曾國藩認為這兩種情況乃婦人之仁。這種人辦事情沒有意志、沒有頭腦，也就不會有成就。

事實上，人的氣質、個性、能力並不是與生俱來、終生不變的，所以曾國藩最後說「三者不必定人終生」，足見他的客觀公正。

北宋名臣韓琦曾利用「時態」識人。在永興任職時，有一天有一位幕官來參見他，他仔細看了看那人，皺起眉頭，一直不和這位幕官說話。有人請教韓琦，韓琦說：「他額頭上隱隱有塊腫包，想必是磕響頭磕的。這樣的人怎能倚靠呢？」

現在有些領導者與韓琦大不一樣，如果發現額頭上磕出腫包、磕出繭的下級，反而會認為他是個難得的好下級，百裡挑一的人才。但精明的企業管理者都善於「劍走偏鋒」，由時態識人。

於純樸中選拔人才

於純樸中選拔人才，才可以蒸蒸日上。

❖ 交注之道

曾國藩提出，「深險難近」者，不值得結交、任用。「方有對談，神忽他往」，這種人既不尊重對方，又缺乏誠意，心中定有別情。「眾方稱言，此獨冷笑」，可見這人自外於眾人，而且為人冷漠寡情，居心叵測。

以上兩種情況均與正常情態相悖，不合常理。如果不是當時心中有什麼其他事，導致他失常的表情，那麼這種人多半是屬於胸懷城府、居心險惡之人。這種人與他人建立良好的友誼不容易，別人對他也多敬而遠之。

曾國藩來自農村，生性純樸，厭惡官場運用心機、投機鑽營的習氣，在京師的十多年中，一直勤奮讀書，終於培育出一股「以澄清天下為己任」的浩然大氣，並改名為「國藩」，就是國家的藩籬之意。

❖ 痛恨官氣與鄉氣

基於對「德」的重視，曾國藩特別強調要「於純樸中選拔人才」，認為如此「才可以蒸蒸日上」。所謂「純樸」，主要是指樸實、無官氣、不虛誇，不以大言驚人、巧語媚上，而是具有踏實、苦幹的作風。他把人才分為兩大類：一類「官氣多」，一類「鄉氣多」。官氣多的人好講資格，好裝樣子，辦起事來四平八穩，說起話來面面俱到。實際上卻是一點生氣都沒有。

【 冰 鑑 新 解 】

鄉氣多的人好逞才能，好出新樣，辦起事來不顧忌別人的看法，說起話來不講求避諱。因此往往一件事還沒有辦成，就先招來一片議論。無疑兩者都有缺點，但曾國藩更痛恨的是有官氣、不踏實的官僚，提倡選用「有操守而無官氣、多條理而少大言」的「明白而樸實」的人。

曾國藩認為，大概說來，考察人才的優劣，應當以看他是否具備樸實、廉正、耿介的品性為主。有這樣的品性，又有其他的特長，才是最可貴的。如果沒有這樣的品性，即使有其他的特長，也是靠不住的。甘甜容易調味，潔白容易著色，古人所說的無本無立，大概就是這個意思吧！

曾國藩指出，軍隊中選用將才，要特別注重那種樸實勇敢的人，同時還要看他們的氣概。怕的是有些人不全是發自內心的忠義之氣，這些人輕浮，驕氣，並不是真正的氣概。他十分重視子弟的教育，尤其在戒驕氣方面，他曾在給諸弟、子侄輩的許多家書中反覆提及。

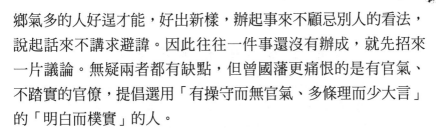

平庸可恥者需提防

遠離庸人小人，親近君子賢人，方成大業。

❖ **和珅的手段**

「言不必當，極口稱是」。別人發表的觀點和見解未必完全正確，未必十分精當，他卻在一旁連連附和，這種人如不是故意的，定是一個小人。胸無定見，只知道巴結逢迎，這類人自然當不得重任。

和珅正是這樣一個小人。乾隆喜愛作詩、書法，和珅便下大工夫蒐集乾隆的詩作，並對其用典、詩風、喜用的詞句了解得一清二楚，閒來還有所唱和。和珅的書法頗似乾隆，可能是他刻意摹仿的，掛在故宮崇敬殿的御製詩匾，據考證就是由和珅代筆。刊印「二十四史」時，乾隆常常親自校核，每校出差錯來，心中很是痛快。和珅和其他大臣就在抄寫給乾隆看的書稿中，故意於明顯的地方抄錯幾個字，以便讓乾隆校正。

乾隆的母后去世時，和珅默默地陪著乾隆跪泣落淚，不思寢食，幾天下來人就變得形容枯槁。乾隆喜歡與臣下開玩笑，和珅經常給乾隆講一些市井的俚語笑話，令皇帝龍心大悅。據朝鮮使臣記述，他雖貴為大學士、軍機大臣，但每當「皇帝若有咳唾之時，和珅以溺器進之」。諂媚到了這種程度，連英明的君主也難免糊塗。結果，和珅專政二十餘年，升遷四十七次，權傾朝野，百官爭相諂附。他又公然勒索納賄，排斥異己，致使吏治敗壞。

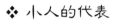

❖ 小人的代表

「未交此人，故意詆譭」。不曾與人家交往，對人家全然不了解，全是道聽塗說，加上自己的主觀想像，就在人背後蜚短流長，說人壞話。這種人多半是無德行的小人，無學無識，又缺乏修養，既俗不可耐，又不能自知。

戰國時，楚平王為兒子娶親，派大夫費無忌前往迎娶。費無忌看到新娘如此貌美，便心生邪念，不顧一切快馬回宮對楚平王細述姑娘之美，並進言趁太子尚未見面先娶之。好色的楚平王被巧舌如簧的費無忌說動了心，轉眼間，這位本該成為太子妃的秦國姑娘，便成了楚平王的妃子，移花接木的費無忌也成了楚平王的心腹。但他卻作賊心虛，因為太子遲早要接班的，於是他對楚平王誣陷說太子要謀反。楚平王經不住費無忌屢屢讒言，遂下令捕殺太子及老師吳奢父子，太子與吳子胥只好逃離楚國。數年後，吳子胥率大軍復仇，楚國就這樣被滅掉了。追根溯源，費無忌實在是始作俑者。

遠離「婦人之仁」

> 曾國藩雖是一介文人，做起事來卻果斷俐落，毫無「婦人之仁」。

❖ 項羽的弱點

曾國藩指出，有一類「漫無可否，臨事遲回」的人，他們優柔寡斷、畏畏縮縮，做事只知因循守舊，而不知創新。他們既缺少雄心壯志，又沒有什麼實際才幹。遇事唯唯諾諾，喜歡推卸過錯。因而，這些人什麼事也做不成，徘徊遲疑，空老終生。

還有一類「不甚關情，亦為墮淚」的人，他們過於多愁善感，內心世界很豐富，也非常敏感。凡遇事情，都一副淚眼汪汪的樣子，一種病中女兒態，軟弱憔悴。

曾國藩對以上兩種情況一言評之為「婦人之仁」。與這兩種人共事，都會讓人不勝疲累。

楚漢相爭時，韓信曾投奔項羽，因得不到重用，又投奔了劉邦。被拜為大將後，韓信告訴劉邦：「項王吆喝一聲，上千的人都會被他嚇倒，很是勇猛。可是他不能接受別人的意見，不能重用有本領的將領，他的勇不過是匹夫之勇罷了。項王待人，又恭敬又有愛人之心，說話溫和，看見別人病了，他會掉眼淚，把自己吃的、喝的分給病人。但人家立了功，應當封爵位的，他不封。就是封了，他還拿著爵印，左摸右摸，把印的四個角都磨光了，還捨不得交給人家。他只是婦人之仁罷了。」接著，韓信又分析了項羽的一些弱點和錯誤，指出劉邦必然能戰勝項羽。

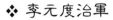
❖ 李元度治軍

　　曾國藩幕下有一位儒將李元度，他在治軍時，希望在全面了解軍中隱情的前提下，獎罰生殺皆自己出，不濫罰，不枉賞；但是，對於三千多人的平江軍來說，一人之心力或有時而窮。一些基層士兵、軍官或因這種人性化管理而免遭冤屈、獲得福利，對李統領個人抱有好感。但是，限於精力，領導者的關懷只能落實到有限的個人，中上層軍官的權力和威信卻已受到破壞，並直接導致對本級職權的放棄，從而嚴重影響全軍在「危險之際」執行命令的效率。李元度秉文人之質，抱婦人之仁，亂了湘軍的家法，曾國藩不得不多費口舌對他進行批評教導。

　　可見「婦人之仁」容易動搖意志與理性，會傷害自己。

根據情態識謊言

古人說：「人之操履無若誠實。」意志薄弱的人難於誠實。

❖ 眾口鑠金，積毀銷骨

古人對撒謊者的評價極低，如果當政者撒謊成風，那更是大災難。周幽王烽火戲諸侯而亡國；清廷腐敗，講假話導致軍隊風氣廢弛，戰鬥力下降，甲午戰爭慘敗於日本。

「三人成虎」是關於謊言的著名典故。戰國時，魏國的太子被送到趙國做人質。臨行前，隨行大臣龐恭問魏王，如果有一個人說鬧市的人群中有隻老虎，君王相信嗎？魏王說不信。龐恭又問如果是兩個人這樣說呢？魏王說也不信。龐恭緊接著追問：「如果有三個人都說看見了老虎呢？魏王說，既然這麼多人都說看見了老虎，肯定確有其事，我不能不信。龐恭深有感觸：鬧市上沒有老虎，這本來是顯而易見的事。然而，因為三個人都說有虎，似乎就真的有了。現在我要遠去，邯鄲離魏國要比這裡到街市遠得多，說我壞話的也一定會超過三人，請大王仔細考察。」龐恭走後，一些小人果然開始在魏王面前說他的壞話。時間一長，魏王果然聽信了讒言。當龐恭從邯鄲回魏國後，魏王再也不願召見他了。

可見，謠言惑眾，流言蜚語多了，的確足以毀掉一個人。隨聲附和的人一多，白的也會被說成黑的，真是叫做「眾口鑠金，積毀銷骨」。所以領導者識人時要有自己的分析，不要人云亦云，被謊言和假象所蒙蔽。

冰鑑新解

❖ 識別謊言

在人際關係中，人們說謊或被謊言欺騙的次數之多令人震驚。甚至心理學家費爾德曼研究稱，每人平均每日最少說謊 25 次。

一個誠實的人，他的眼睛是自信的，說謊的人的眼角會不自覺地往上抬或者眼睛轉動速度比說話的節奏快。

身體姿勢也很有講究。如果對方因為一個問題而突然改變了原來很舒服的姿勢，比如，蹺著的二郎腿突然放下、背靠著椅子卻忽然坐直，就有可能要編造謊言或為了答題而回答。

有人一撒謊就摸鼻子，有人會摸下巴，左顧右盼，有人為了掩飾內心的慌張，手勢過快，明顯跟自己的語速不符，這可能是他在臨時編造答案。

只要你留意觀察，多點思考，總可以發現對方的一些蛛絲馬跡。

✦ 智慧拓展：考察是用人的基礎 ✦

常言道：「知人善任」，「知人」是「善任」的前提，
考核人才是任用人才的基礎。

❖ 考察之法

考察是知人善任的基礎，考察準確，用人才能得當；考察
失真，用人必然失誤。當年堯帝想找一個帝位繼承者，四方諸
侯一致推薦舜。堯帝為了考驗他，就把兩個女兒嫁給舜，從女
兒那裡來考察舜的德行。堯帝經過三年的實踐考核，才正式確
定用舜。明代少保（中央一品大員）胡世寧，執掌都察院事務。
他考察官員喜歡私訪，並親自接觸官員，他認為：只按評語評
定政績，那往往會譭譽失真，況且評語所反映的情況也不一定
真實。

曾國藩認為，要對下屬的辦事情況和言論情況同時進行考
察。他尤其注重屬下的建言，透過建言，上司可以收集思廣益
之效，也可以藉此觀察下屬的才識程度。在一份奏摺中，曾國
藩提出了甄別人才。甄別就是考察，目的是「去其稂莠」。不
加考察或甄別，而對那些不投在上者之所好的人才，不加培養，
不加使用，固然是對人才的浪費；不加考察或甄別，而單憑在
上者的愛好或印象保舉和超擢，把那些口蜜腹劍、兩面三刀的
陰謀家和野心家當做人才來培養和使用，必會造成惡劣的政治
後果。這種事例，在歷史上是屢見不鮮的。

冰鑑新解

❖ 五到

　　曾國藩對於僚屬的賢否、事理的原委，無不博訪周咨，默識於心。而且，他閱世愈深，觀察愈微，從人的相貌、言語、舉止到為事、待人等等方面，都在他的視線之內。他指出：擇取人才的方式，首要的是有節操而沒有官氣，條理清晰而不說大話。辦事的方法，首要的是能夠做到「五到」，即身到、心到、眼到、手到、口到。所謂身到，即作為官吏對於人命案、盜竊案必須親自進行勘驗，並且親自到鄉村巡視；作為將官則必須親自巡視營地，親自察看敵情。心到，即凡事皆需仔細分析大條理、小條理、起始的條理、終結的條理，分析其頭緒，再綜合其類別。眼到，就是要專心細緻地觀察人，認真地閱讀公文。手到，就是對人的長處短處，以及事情的關鍵，勤做筆記，來防止遺忘。口到，就是在使用他人做事時，既要有公文，又要苦口婆心地叮囑。

❀ 鑑人需全面細緻 ❀

試玉要燒三日滿，辨材需待七年期。

❖ 日久見人心

唐代大詩人白居易寫過這樣的詩句：「試玉要燒三日滿，辨材需待七年期。周公恐懼流言日，王莽謙恭未篡時。向使當初身便死，一生真偽復誰知？」意思是說，要檢驗是真玉還是假玉，就要用火燒它三天三夜；要辨別是橡木還是樟木，就要等它長夠七年的時間。對人、對事要得到全面的認識，都要經過時間的考驗，從整個歷史去衡量、去判斷，而不能只根據一時一事的現象下結論。

周公在輔佐成王的時期，某些人曾經懷疑他有篡權的野心，但歷史證明他對成王一片赤誠，他忠心耿耿是真，說他篡權則是假。王莽在末漢時，假裝謙恭，曾經迷惑了一些人。《漢書》本傳說他「爵位愈尊，節操愈謙」；但歷史證明他的「謙恭」是偽，代漢自立才是他的真面目。

❖ 長期考察

趙簡子，春秋末年晉國的國卿，很有政治眼光和魄力。他曾讓善於相面的晉國名士姑布子卿給兒子們相面，姑布子卿認為「無為將軍者」，不會有什麼前途。趙簡子很失望，姑布子卿勸他不要洩氣，說途中曾經見過一人，好像是他的兒子。召來一看，原來是奴婢所生，但智勇過人的庶子趙毋恤（即趙襄子）。一見到毋恤，子卿立即站了起來：「這就是未來的正卿

啊！」

　　為進一步考察，趙簡子將日常訓誡言詞寫在竹簡上，交給兒子們。三年後，趙簡子向兒子們問起戒訓，大家一句也想不起來，竹簡也早已不知遺失於何處，只有時刻將竹簡藏於衣袖之中的毋恤對答如流。

　　又有一次，趙簡子告訴兒子們：「我在常山藏有寶符，你們誰能找到誰就有賞。」常山據說在今天河北曲陽西北，結果，其他幾個兒子無一例外地空手而歸，只有毋恤胸有成竹地告訴大家他找到了趙簡子的寶符：「從常山居高望去，代國盡收眼底，代國便是我們的囊中寶物。」

　　經過長期細心地考察，趙簡子最終廢長立幼，改立毋恤為世子。趙襄子果然不凡，後來，在西元前 453 年的晉陽保衛戰中，聯合韓、魏，一舉滅掉了當時很有實力的智氏，並三分其地，最終促成了三家分晉歷史局面的形成，也就此拉開了七雄爭王的戰國歷史帷幕。

人之高下，視其志趣

曾國藩說：「凡人才高下，視其志趣。」直接把一個人能否立志、志向高低作為衡量人才高下的標準，這個觀點是極有見地的。

❖ 察其志趣

早在春秋時代，孔夫子就十分重視啟發學生談志、立志。他們所談的志，內容相當廣泛，修身治國多方面的都有。「志趣」一詞在《三國志》中已經出現，吳臣勸孫權選拔人才要「察其志趣」。南朝梁劉孝標說：「（夏侯）玄以鍾毓志趣不同，不與之交」。可見，古人在培養、選拔人才以及交友上，已把高尚志趣作為一項重要條件來考察了。

《史記》載，秦末的陳勝家境很窮，年輕時曾經與別人一起被人家雇佣耕地。有一次，他停止耕作走到田埂上，心中憤憤不平了好久，說：「假如有一天誰富貴了，彼此不要忘記。」雇工們笑著回答：「你是給人家當雇工的，哪能富貴啊！」陳勝長嘆一聲，說：「燕雀怎麼能知道天鵝的志向呢！」有志者終成大事。不久，陳勝便在大澤鄉發動了推翻秦朝的農民起義。

❖ 立身之本

曾國藩一生用人極多，評價人物也極多，而他以志趣高低作為評價人物高下的準繩，可謂抓住了人物評價的關鍵。有意思的是，曾國藩在評價別人時，總是以褒為主，以貶為次。例如，對被他參劾了兩次的李元度，他私下給曾國荃寫信說：「李

次青之才實不可及，吾在外數年，獨覺慚對此人，弟可與之常通書信，一則少表余之歉忱，一則凡事可以請益。」又如，對與自己常鬧彆扭的左宗棠的才能，他也非常折服，於咸豐十年四月上奏稱：「宗棠『剛明耐苦，曉暢兵機』，請朝廷簡用。」清廷果於同年五月命左「以四品京堂候補，隨同曾國藩襄辦軍務」。第二年，曾國藩又上奏稱左「以數千新集之眾，破十倍兇悍之賊，察地利以審敵情，蓄機勢以作士氣，實屬深明將略，度越時賢」，懇請「將左宗棠襄辦軍務改為幫辦軍務」。清廷又果如所請。

　　左宗棠也是素懷大志之人。他自稱今亮（即今世諸葛亮），卓爾不群，心智闊大，志趣極高。他的豪言壯語和鋒芒意氣，加上魁偉的體格，一見之下，總給人咄咄逼人之感。當科場失意後，他絕不留戀，而他最終也因自己的經世之才而得到當時朝中大臣的賞識，最終功成名就。

從胸襟器度識人成就

器度，決定了一個人的高度，一個有器度的人才會有
所成就，否則他的未來勢必會受到局限。

❖ 器度決定格局

翩翩風度需要「大器度」。胸懷寬廣，寵辱不驚，是風度
形象的主要內容。器度決定格局，格局決定命運。東晉時，隱
居在東山的謝安常與朋友到海上遊玩。一次，浪濤洶湧，孫綽、
王羲之等人提議調船回去。此時謝安興致正高，船夫仍搖船向
前。一會兒，風浪更急，眾人都叫嚷騷動起來，謝安這才建議
回去。當時人們深信，以謝安這樣沉著冷靜的器度，完全能夠
鎮撫朝廷內外。

唐代名相狄仁傑也富有器度。他在豫州時，政績突出，但
卻被貶降職。武則天提拔他為宰相後，問他是否想知道讒毀他
的人是誰。狄仁傑回答：「臣不願知道。如果臣在豫州所作所
為是錯誤的，請陛下指出，臣願加以改正。如果陛下認為沒錯
誤，那就是臣的幸運，臣又何必要知道誰是讒毀者呢？」武則
天聽了，覺得狄仁傑器量大，更加賞識他。

北宋改革家王安石去世後，轟轟烈烈的新法被一掃而光，
但他的政治宿敵司馬光和蘇軾等人的表現卻不得不讓人景仰。
司馬光建議朝廷「宜優加厚禮」，非但沒有詆毀王安石，反而
為他申請待遇。蘇軾一生的顛沛流離幾乎都與變法有關，還差
點丟了性命。他卻為王安石寫了悼詞，評價極高。

❖ 從器度上識人

　　對於經人推薦或自願投效的人，曾國藩必定召見面試。一次，曾氏約了三個人，過了正午很久，尚未召見。一人靜坐沉思，一人走來走去，一人臉上十分不耐煩。到了傍晚時，曾氏派人告訴他們可以回家等候結果，不必見面了。有人不明白，曾氏解釋說：「此三人在屋內時，我已觀察過了：那個沉思的人，心情不暢，活得不久，但為人卻很穩重；來回踱步的，器度膽識不凡，剛強沉著，實在是不可多得之才；那個不耐煩的，英勇果敢，一定可敗敵，然而有點心急，成功之後可能會殉國。這三人都是軍中所需要的人才。」

　　後來的事實證明，沉思的人是王某，年餘病發，功績不顯著。踱步的是彭玉麟，立軍功建水師，官至兵部尚書，名聲極佳。不耐煩的是江忠源，勇敢好戰，官至安徽巡撫，在廬州三河鎮力戰殉國。於是人們都很佩服曾國藩從器度上識人的慧眼。

❦ 透過行為知心態 ❦

精神分析鼻祖佛洛伊德認為，人類所有的外顯行為都是由內心欲望所驅使的。可見「聽其言而觀其行」乃是識人的關鍵。

❖ 聽其言而觀其行

一個人的行為幾乎都是由內心所驅使的，透過對他人日常行為的洞察，可以把握對方的個性、才能。三國時，吳國武陵郡從事樊仙誘使夷人作亂，州中的督導請求派一萬人前去討伐。孫權問潘濬，潘濬表示五千人就夠了。孫權不解，潘濬認為樊仙雖然善於賣弄口才，卻沒有實才。他從前曾經請州人吃飯，一直到正午時分都還沒上菜，當時就有十餘人自行離去，因此輕視他。孫權聽後大笑，就派潘濬前去，果然以五千人殺了樊仙。

舉止端莊凝重，說明一個人的「正氣」和「定力」。那些站不穩、坐不正、不時抖腿支腮摸頭髮的人，以及一有風吹草動就心神不安、坐臥不寧的人，一定是心浮氣躁、操守不堅之人。三國時，管寧、華歆與邴原本是好友，當時稱譽三人為「一龍」，華歆為龍首，邴原為龍腹，管寧為龍尾。一次，管寧和華歆在園中種菜，看到地上有塊金子，管寧把金子當作瓦片石頭一樣，不管它；華歆則停下來，撿起金子，然後把它扔了。又有一次，他倆同坐一張蓆子讀書，門外有貴人經過，管寧照舊讀書，華歆卻丟下書本跑去看熱鬧。管寧就割斷蓆子，不再與之為友。當時曹操挾天子以令諸侯，管寧避居遼東三十多年，

終生未做官。而華歆卻先為孫權效勞，後又歸附曹操，在一次漢獻帝和伏皇后密謀殺曹事件敗露後，華歆親自從破壁中搜出伏皇后，後來還幫助曹丕篡位，為人所不齒。

❖ 沈萬二的遠見

據太倉嘉定縣誌記載，朱元璋即位之初，嘉定的富豪沈萬二為人機靈，對於新朝的政治動向，絲毫不敢大意。弟弟沈萬三則一心賺錢，別的什麼也不管。

一天，沈萬二聽到京城來人講見聞，說皇帝寫了一首詩：「百僚未起朕先起，百僚已睡朕未睡。不如江南富足翁，日高五丈猶擁被。」沈萬二聽後暗自嘆息，認為壞徵兆已經萌芽，就將家產託人管理，攜家人泛遊於湖湘一帶。

不到兩年，眾多江南大族果然陸續被打擊。沈萬三被抄家發配到了雲南，病死異鄉，而沈萬二卻逃過了這一劫。一個滿腦子心機的皇帝，怎麼可能坐視在江山還未穩固時，居然存在著一群腰纏萬貫的人比他還逍遙呢？

微見著，細節識人

想要了解一個人有很多種途徑，可以從不同的角度進行觀察，但往往最能洩漏一個人性格祕密的，還是一些小細節。

❖ 觀於細微

識人心法，各有巧妙，但是大多都是身邊不起眼的小事。殷紂王即位後不久，吃飯用筷由原來竹子的變為象牙的，他的叔父（一說是庶兄）箕子很是憂慮，認為紂王用象牙筷子吃飯，一定不會用陶碗盛裝食物，將來還會做犀角美玉的杯子。有美玉杯、象牙筷，也不會住在茅草屋裡，於是錦衣玉食，樓閣亭台，向天下四處索求，就從此開始了。不久，紂王果然建築鹿台，酒池肉林，從此眾叛親離。

為人曠達的蘇軾待人接物顯然粗疏得多，但是他也擅長識人。章惇早年和蘇軾過從甚密。一次，二人同遊南山，走到仙遊潭，見潭下臨萬仞絕壁，壁上有一塊橫木，章惇請東坡到壁上題字作記。東坡連說不敢。章惇卻吊下繩索攀著樹爬下去了，在壁上大書「蘇軾章惇來此」。然後攀樹緣索，回到潭邊，面不改色。蘇軾長嘆：「能自判命者，能殺人也！」章惇大笑。蘇軾認為，人如果不珍惜自己的生命，他也不會珍惜別人的生命。就是這位章惇，後來當上宰相，整治政敵毫不手軟，他甚至提出掘開司馬光的墳墓，曝骨鞭屍。他因與蘇軾政見不合，把蘇軾貶到偏遠的惠州，蘇軾在惠州以苦為樂，章惇就再貶他到更偏遠的儋州（今屬海南）。據說在宋朝，放逐海南島是僅

比滿門抄斬罪減一等的事，由此可見章惇之狠。

❖ 由小見大

在蔣介石的侍衛長中，任職時間最長的是王世和。王世和是蔣介石的親戚，原是秤手，蔣介石當面看他的舉止如何，叫他送一籃鹹貨來。王世和送貨到豐鎬房，蔣介石命他吊在屋柱頂子上。王因個子矮小，取凳墊掛上，隨即用抹布擦去凳上留下的腳印，把凳放回原處。蔣經過觀察，認為他做事小心，就答應把王世和帶到廣東去。

所謂細節決定成敗，它也同樣適用於人才的選擇上。管理者要獨具慧眼，善於由顯見隱，從貌似平常的事物中發現人才的不凡特質；學會由小見大，從一些細小的事情裡，透視出人才的重要特質。

❀ 留意反常情態 ❀

事若反常必有異，人若反常必有因。

❖ 咸豐帝的考題

現實生活中，反常的現象很多，處處留心皆學問，切忌視而不見，麻木不仁。

曾國藩是軍機大臣穆彰阿的得意門生。一天，穆彰阿向咸豐皇帝保奏他。咸豐問他曾國藩有什麼超人才能，穆彰阿說他「善於留神，過目不忘」。兩天後，咸豐皇帝命太監傳旨給穆彰阿，讓曾國藩初一卯時在中和殿候見。穆彰阿大喜，叮囑曾國藩好好準備。初一這天曾國藩沐浴更衣，穿戴整齊，去了中和殿。太監說讓他等著，便關上殿門走了。直到晌午時分，太監才來告訴皇上今天沒空，請明日再來。

曾國藩怏怏不樂地走出皇宮，把情況稟告了恩師。穆彰阿沉思良久，突然問：「大殿四壁掛著歷代先皇的聖訓，你記住了多少？這一定是聖上為試你才能而刻意安排的。皇上必定會馬上再召你。」

他讓曾國藩在當天晚上把聖訓全部背熟，並告誡前途在此一舉。曾國藩自是徹夜誦讀。果然，第二天一早，聖旨到，傳曾國藩面見聖上。咸豐皇帝問他是否留意先皇的聖訓，曾國藩跪奏，將聖訓背誦如流。幾日後，聖旨下來，將曾國藩擢升為吏部侍郎。

❖ 欲擒故縱

周平王東遷時，鄭武公因護駕有功，被封為卿士。繼之者鄭莊公，是春秋初年的小霸。莊公的母親因為生莊公時難產，心裡不喜，後來又生了段，轉而喜歡段。莊公即位後，段號稱京城太叔，他仗著母親武姜的支持，從不把尊君治民放在心上，而是囤積糧草，訓練甲兵，與母親合謀，準備裡應外合，襲鄭篡權。

鄭莊公看在眼裡，卻不動聲色。他一次次退讓，促使段篡國稱君的野心日益增長。直到最後，段起兵謀反，鄭莊公才滅掉了弟弟。後人往往以為鄭莊公仁至義盡，傳為美談，可是也有人指出，鄭莊公是真正的偽君子，過早動手，必遭外人議論，說他不孝不義，因為想要他弟弟的命，才縱容他的不法。這種反常舉動暗示著──這是一個陰謀。這個陰謀在不同的語言方式中有不同的說法，成語是欲擒故縱，學名叫捧殺，俗語是將欲取之、必先與之。

現代企業招攬人才時，管理者要耐心、仔細地觀察對方的反常行為，只有找出他們這樣做的真正原因，才能挖掘到真金。

君子小人之辨

孔子曰：君子坦蕩蕩，小人常戚戚。孔夫子在教育他的弟子時常以君子和小人之分來明辨是非。

❖ 劉秀的清醒

現實生活中，不乏忠心耿耿的正人君子，也不乏口是心非的小人。作為領導者在用人任人時，一定要辨別真偽，透過假象識真人。

一次，劉秀外出打獵深夜方歸，要從洛陽城的東北門進城，門吏郅惲拒不開門。劉秀讓人點起火把，並告訴他說皇帝回來了，郅惲託詞「火光閃爍又遠，看不清楚」，就是不開。劉秀沒辦法，只好轉到東城門進了城。第二天，郅惲上書批評了劉秀一頓，說他游獵山林，夜以繼日，帶領出一種不良風氣，危害國家。劉秀不但沒有治罪於他，反而賞了郅惲100匹布，把掌管東城門的官吏貶為登封縣尉。

劉秀在執政初期，內外群官，多由他自己選任；如做不完他交辦的事，尚書一類的近臣常被拉到面前棍打鞭抽。他的明君風範，實現了「光武中興」。

❖ 鑑人之法

宋朝有位官員陳瓘，曾於上朝時見到蔡京瞪著眼看太陽，直視很久而不眨眼，推測蔡京將來必定顯貴，只是他一定飛揚跋扈，連皇帝也不放在眼中。後來陳瓘官居諫院，就特別留意檢舉蔡京的過錯。當時蔡京掌管皇帝詔命的草擬，奸惡尚未顯

露，眾人都認為陳瓘的話太過分了，蔡京也透過親近的人來為自己辯護。蔡京得志後，果然像陳瓘預言的那樣。

對於如何識破君子和小人，司馬光提出了頗為可行的建議：

> 要了解一個人，就要先觀察他的言行；聽別人的話，要先弄清楚他的本意；看人家做事，要對照事情的結果。愛許諾的人，未必守信；會說話的人，未必能躬行；身體力行的人，未必能說會道；高聲叫罵者，未必勇敢；講話溫和者，未必膽怯；少言遲鈍者，未必愚蠢；滔滔不絕者，未必聰明；樸拙逆反者，未必背叛；順從迎合者，未必忠誠。

判斷一個人，應該在遇到大事、要事之時，看他是否能輕鬆勝任；在順逆處境之中，看他的胸襟器度；在喜怒之際，看他的涵養；在公眾場合裡，看他的言行舉止、學問見識。人的品行節操，在利害關頭就能看出。

識人不能憑主觀喜惡

由於人們的思想、經歷等不同，勢必造成在識人時有親疏遠近、好惡喜厭之別。

❖ 好惡心誤才

領導者在識才的過程中，不能感情用事，以個人喜惡判斷人才的好壞，而必須以理智戰勝感情，以原則抑制私情。

劉邦得天下後，先封了張良、蕭何、曹參等功臣，但還有很多功臣沒有封賞。一天，劉邦和張良在宮殿裡遠遠地看到一群人，坐在地上竊竊私語。張良告訴劉邦，論功行賞，他只封了幾個喜愛的人，所殺的淨是不喜歡的。這些人害怕皇帝不能夠全部封賞他們，又怕因從前的過失而招致殺身之禍，所以他們在議論謀反。劉邦急忙問該怎麼辦，張良問他一生最恨何人，劉邦說是雍齒。雍齒是劉邦親自委任的第一任丰縣縣令，然而他卻反叛劉邦而降魏，劉邦非常痛恨。張良建議先封雍齒為王，於是，高祖馬上設宴，封雍齒為什邡侯。群臣很高興：雍齒尚且被封了侯，我們就不必擔心了。

漢武帝有一次到郎署去視察工作，見到一位老者顏駟，衣服破爛，兩鬢花白，步履蹣跚。漢武帝很驚訝，就問他這樣大年紀怎麼還是個郎官？顏駟回答：「文帝喜歡文人而我好武，景帝喜歡老人而我那時還年輕，而您喜歡青年我卻已老了，所以，我雖然三朝為官卻始終未能得到提拔。」武帝聽了很有感觸，當即晉升他，以謝他的一番直言。

❖ 溺愛心誤事

馬謖失街亭的典故婦孺皆知。馬謖愛好議論，孔明十分器重他。劉備臨死前特意囑咐「馬謖有名無實，不能以重任」，孔明並未聽從。馬謖從一名小吏逐步升到大將軍，完全靠孔明的一手提拔，正是這種溺愛造成了悲劇。

唐朝玄宗、文宗都愛鬥雞，以致鬥雞之風日盛。玄宗不惜耗費人力物力，下令專門建造飼養鬥雞的「雞坊」，蒐集雄雞數千隻。一個叫賈呂的貧苦兒童，因善於馴養鬥雞而深得帝王寵愛，時人稱其為「種童雞」。因馴雞而揚名，令時人感嘆「生兒不用識文字，鬥雞走馬勝讀書」。

管理者在識別人才時，必須拋開自己的愛好與志趣，以整體利益為重，不講「人情」，不重「感情」，不報「恩情」，要忍痛捨棄那些自己「喜愛」的奴才、媚才，果斷發掘那些令自己「討厭」的高才、雄才。

❧ 成大事者需勤 ❧

曾國藩說：「千古之聖賢豪傑，即奸雄有立於世者，不外一『勤』字。」

❖ 勤字為先

勤奮，一向為古人所讚揚。囊螢、映雪、懸樑、刺股等故事流傳了千百年，家喻戶曉。如果不勤奮，則天資再高也無用處。

「勤」字不僅是曾國藩的興家、發達、個人謀生，強身健體之根本，而且還是修身、齊家、治軍、用人、為官之準則。在求學上，曾國藩從來沒有間斷學習過，即使是統領湘淮兩軍，全權處理攻打太平軍、捻軍事務，並主管江南數省軍政的時候，他每天仍利用閒暇讀書寫字。

奏牘、書信、家書、批文、日記，幾乎都是他親手所寫或刪定。僅現在流傳下來的就達數千萬字。他寫家書，恐怕也是古往今來最多的。

據統計，從 1840 年至 1871 年的 32 年間，他共寫了 1459 封家書，約 110 萬字。平均每年 73 封，最多的一年是 1861 年，共 235 封。據說，他真正寫過的家書，比這數倍不止。用人時，曾國藩不喜歡那些投機取巧的所謂「聰明人」。他最喜歡的，是那些肯腳踏實地、埋頭苦幹、勤奮用功的人。

曾國藩練軍時，尤其突出一個「勤」字，使士兵在營中日夜都有一定課程可做，嚴格遵守點名、演操、站牆子、巡更、放哨等營規。他的理解是：「治軍以勤為先，由閱歷而知其不

可易。未有平日不起早，而臨敵忽能早起得；未有平日不習勞，而臨敵忽能習勞者；未有平日不能忍饑耐寒，而臨敵忽能忍饑耐寒者」。

❖ 左宗棠勤學

名臣左宗棠也是一位勤奮之人。他少時屢試不第，轉而留意農事，勤奮讀書，鑽研輿地、兵法，對他後來帶兵打仗、施政理財具有很大作用。雖然左宗棠不能沿著「正途」進入社會上層，但其才幹得到了當時許多名流的推重。識人極有眼光的潘祖蔭，曾向咸豐帝寫了一道著名奏疏，其中說：「國家不可一日無湖南，湖南不可一日無宗棠也。」這兩句話，讓左宗棠的名字幾乎一夜傳遍全國。此時，左宗棠不過是湖南巡撫駱秉章的幕僚，也就是個幫忙的師爺。成為封疆大吏後，左宗棠常抽空寫家書告誡兒子，務必勤學苦讀，務必保持克勤克儉的家風，不要忘本，不得染上紈袴習氣。

鑑人忌有色眼光

> 只要不戴有色眼鏡，沒有私心、成見，識人就能使賢者脫穎而出。

❖ 人性多變

在識人的問題上，人們最厭惡的是用有色眼光來看人。所謂用有色眼光看人，就是帶著感情色彩，帶著成見看人。

曾國藩長著三角眼，中等身材，走路步履厚重，言語遲緩，看上去整天都是昏昏欲睡的樣子。如果僅以此判斷他才能平平，那就大錯特錯了。

汪精衛青年時代就追隨孫中山革命，建下了很多功勞。當年他冒死刺殺清廷攝政王，被俘後寫了一首詩：「慷慨歌燕市，從容作楚囚。引刀成一快，不負少年頭。」這種英雄氣概真可謂驚天地，泣鬼神。豈料他在後半生卻晚節不保，竟甘為日寇傀儡。

吳佩孚雖然作為軍閥，大半輩子都在禍國殃民，但在晚年卻能秉持民族大義，堅決不入外國租界，頂住了日本人的軟硬兼施，寧死不出山當漢奸。1939 年 12 月，吳佩孚辭世。關於他的死因有兩種說法，一曰病逝，一曰慘遭日本人的毒手。國民政府還發表唁電，表彰吳佩孚「精忠許國，大義炳耀」；最高國防委員會追贈他為「一級上將」。

還有曠代遺才的楊度，在辛亥革命期間站在保皇黨立場上，竭力鼓吹「立憲救國論」，主張皇帝加憲法。武昌起義後，與汪精衛合組「國事共濟會」，為袁世凱登基到處奔走。然而，

他在晚年時卻轉向了革命，加入了中國共產黨。1927 年 4 月，他得知張作霖要逮捕李大釗，就立即密報。李大釗被捕後，楊度仍多方營救，並盡力幫助了李大釗的家屬。

❖ 門戶之見

1668 年，英國皇家學會為研究碰撞問題懸賞徵文。荷蘭人惠更斯文章內容最好，可是，因為他不是英國人，而被扣發文章。惠更斯的論文後來被法國賞識，在法出版，他本人也當上了法國科學院院長，為法國的科學趕上英國發揮了重要作用。

不以有色眼光識人，很大程度上取決於管理者對人的觀察是否客觀、仔細。古語說：「醉之以酒而觀其側」，意思是把一個人灌醉了，他的本性就曝露了。當然我們並不提倡故意去灌醉一個人，但我們可以模擬這種自然的環境，比如選擇一起吃飯、旅遊出差等時點來觀察和了解別人。

「美眉者，足太陽之脈血氣多，惡眉者，血氣少；
其肥而澤者，血氣有餘；肥而不澤者，
氣有餘血不足；瘦而無澤者，血氣俱不足。」

——《黃帝內經》

第五章 鬚眉鑑

鬚眉盡顯男兒本色

眉：兩眼的華蓋

眉毛人人都有，但濃疏、長短和形狀各有不同，古人認為觀眉可識命相運勢。

鬍鬚是成年男性特徵之一，正所謂「嘴上無毛辦事不牢」。眉毛也是男人很重要的外貌特徵之一，「濃眉大眼」是用來形容美男子的，「明剃眼眉毛」是形容對一個人的莫大侮辱。眉毛代表了男人的尊嚴，因此把男人稱之為「鬚眉」。

古人認為，眉，含有明媚的意思，是兩眼的華蓋，表現整個面部的儀表，又叫做眼睛的英華，可以此分辨人的賢愚，看其一生運勢、人際關係等。

看眉識人，一看濃淡，二看清雜，三看眉形。如果一個人是粗濃亂眉，那他很可能是個粗漢，性情粗暴。在《水滸傳》中，魯智深就是這種眉型。相反地，如果一個人眉秀細長，則必然是個文采斐然、智謀過人的角色。古人認為：眉以疏朗、細平、秀美、修長為佳。眉毛細軟、平直、寬長者是聰明，長壽，尊貴的象徵。而眉毛粗硬、濃密、逆生、散亂、短促、攢縮者，是愚蠢、凶頑、橫死之相。從美學的角度看，前者是美的，後者是醜的。

一個人的健康、個性、秀美、威嚴都透過眉毛而顯示出來。「少年兩道眉」就是說看一個人有沒有成就，是愚昧還是聰明，進而判斷他事業的成敗，命運的好壞。凡是眉相好，使人顯得英俊秀挺，聰明伶俐，容易給人留下美好深刻的印象，從而增加施展抱負和實現自我的機會，人就可能少年得志。

　　《冰鑑》認為，俗話說：「鬚眉男子」，這是將鬚眉作為男子的代名詞。的確如此，因為還沒有見過既無鬍鬚又無眉毛的人而稱為是男子。人們還常說：「少年兩道眉，臨老一副鬚。」這兩句話則是說，一個人少年時的命運如何，是要看眉毛的相，而晚年運氣怎麼樣，則以看鬍鬚為主。

❧ 鬍鬚：雄壯力量的象徵 ❧

古人有蓄鬚的習慣，講究鬚眉堂堂，他們推崇鬍鬚，並不厭其煩地做了細緻分類。

❖ 鬚與氣概

為什麼曾國藩認為一個人的晚運和鬍鬚有關係呢？傳統醫學認為：「鬚」屬腎。大凡鬍鬚豐滿美麗者，是因為腎水旺、腎功能強。身體健康，精力旺盛，意志力常常也很堅定，工作起來很得心應手。到了中晚年，事業就有所成。再者，腎是生殖系統的根本，腎水旺，腎功能強，自然容易多子，多子就容易多孫，而多子多孫則意味著多福。

古代男子的鬍鬚，往往是作為男性雄壯力量的象徵，而且是受早期人類崇拜的。秦漢時，鬍鬚是男性身分的象徵。如果被剃了鬍鬚，一般都是作為犯罪的懲罰。秦漢時的宮刑很能說明這個問題，不但鬍鬚要剃掉，眉毛也要被剃掉，拔除鬚眉成為宦官。和秦始皇母后通姦的嫪毐就是被拔除鬚眉處以宮刑的。三國時，諸葛亮為了平息關羽羞於和老將黃忠同列的不滿，特意稱讚他是「不如髯之超群絕倫」，這個髯就是溢美之詞，說關羽是真正的男子漢。而曹操兵敗時的割鬚而逃就成了千古笑談。

❖ 鬍鬚顯現性格

史書上記載皇帝的相貌比較注重寫他們的鬍鬚，特別是那些開國皇帝。劉邦是「龍顏美鬚」，孫權是「紫髯」，李世民

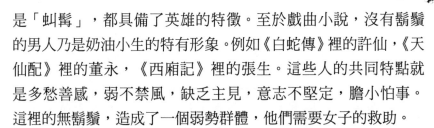

是「虯髯」，都具備了英雄的特徵。至於戲曲小說，沒有鬍鬚的男人乃是奶油小生的特有形象。例如《白蛇傳》裡的許仙，《天仙配》裡的董永，《西廂記》裡的張生。這些人的共同特點就是多愁善感，弱不禁風，缺乏主見，意志不堅定，膽小怕事。這裡的無鬍鬚，造成了一個弱勢群體，他們需要女子的救助。

有研究認為，鬍鬚也能表現一個人的性格：黑色的鬍鬚，主勇敢、富有行動力；稀疏的鬍鬚，主文職發達、具有理性；褐色的鬍鬚，主聰明、才藝超群，且情感豐富；粗硬的鬍鬚，主個性單純、正直，且性急容易招怨；濃密的鬍鬚，主任性蠻橫、缺乏體貼心；沒有光澤的鬍鬚，主性情不定，諸多反覆、人品卑劣；有光澤，且柔細富有彈性的鬍鬚，主格性高貴，多得人助。

鑑人以鬚眉屬於「形鑑」，其思想多為繼承傳統術數派相學內容，沒有太大價值。

❧ 智慧拓展：眉目可以傳神 ❧

眉毛具有美容和表情作用，能豐富人的面部表情。雙眉的舒展、收攏、揚起、下垂可反映出人的喜、怒、哀、樂等複雜的內心活動。

❖ 眉目傳情

生活中，有很多詞語形容眉毛的，如：揚眉劍出鞘、眉飛色舞、劍眉入鬢、眉頭緊鎖、喜上眉梢⋯⋯而當我們形容某人漂亮時，常用「濃眉大眼」一詞，而形容心術不正的人則用「賊眉鼠眼」。可見，「眉目傳情」並非虛言。

京劇中的各色臉譜，都是就一個人的本來眉目加以誇張的。有一種油白臉，如《空城計》的馬謖，《別姬》的項伯等，雖不是陰險的壞人，和大白臉有區別，但也是一種剛愎或動搖的人物。這種臉譜除了施彩以外，最主要的是眉毛、眼睛的勾法，粗細、濃淡要刻畫出善惡、忠奸的性格來。如奸臣嚴嵩的兒子嚴世蕃勾半白粉臉，因為他的年齡和地位比嚴嵩差一些；眉毛上仍露出本來肉色。《明史》說嚴嵩「長身戍削，疏眉目，大音聲」，即粗眉毛、大嗓門、腳長體高、消瘦。嚴嵩本是詞章和書法皆佳之人，初入官場時也還正派。嘉靖皇帝曾堅持要稱自己的生父興獻王為獻皇帝，要「稱宗入太廟」，命禮部集議。嚴嵩一直持「騎牆」態度。為此，專斷專行的嘉靖皇帝十分不滿，親書《明堂或問》，警示廷臣，言語犀利。嚴嵩是聰明人，他立即低眉順目，為「獻皇帝」太廟配享安排隆重禮儀，又寫下了兩篇大拍馬屁的辭賦，深得嘉靖賞識，從此踏上了媚上邀寵、

弄權謀私的不歸路。可見，「眉目」的前後不同，是聽命於環境或個人的轉變的。

❖ 眉毛隱藏的信息

今天的心理學家指出，眉毛的變化豐富多彩，可有二十多種動態，分別表示不同心態與感情。透過眉毛還可以看出一個人的身體狀況。《黃帝內經》中說：「美眉者，足太陽之脈血氣多，惡眉者，血氣少；其肥而澤者，血氣有餘；肥而不澤者，氣有餘血不足；瘦而無澤者，血氣俱不足。」由此可見，眉毛長粗、濃密、潤澤，反映了足太陽經血氣旺盛；如眉毛稀短、細淡、脫落，則是足太陽經血氣不足的象徵。也就是說，眉毛濃密，說明其腎氣充沛，身強力壯；而眉毛稀淡惡少，則說明其腎氣虛虧，體弱多病。

神采重於鬚眉

氣質有好有壞，有雅有俗，而這好壞雅俗又不取決於人的鬚眉、身分和外表。

❖ 英雄風采

人有各自的品質。傑出者之所以成功，自有他的神采、器度。相貌帥氣、靚麗，並不與風度翩翩、氣質優雅畫等號。

東晉著名的奸雄桓溫生平只佩服兩人，其一是西晉末期在并州地區抵抗強胡的那位「聞雞起舞」的劉琨。北伐後，桓溫帶回一個劉琨從前的府中歌妓。當時，這老婦一見桓溫，便潸然淚下，說他長得很像劉琨。桓溫大喜，回屋打扮齊整，又來詢問詳情。老婦回答：「您的面貌很像，就是面皮薄了一點；眼睛也很像，可惜小了一點；鬍鬚的樣子很像，可惜您是紅鬍子，不像他的烏亮；身材也差不多，奈何您不及他高；聲音也像，但是您有點娘娘腔。」桓溫氣得蒙頭大睡，好幾天都不愉快。

桓溫征伐蜀郡時，在白帝城看到了石頭擺下的八陣圖。他自認為了不起，就問一名年輕時曾跟隨過諸葛亮的老兵，諸葛先生有哪些非凡之處。老兵回答：「也沒什麼超過常人的地方。只是在諸葛先生去世後，這幾十年來，又看了許多人，可就沒有一個比得上他。」桓溫聽後十分慚愧。

可見，一個人的風采器度，的確是他的內涵修養氣質的表現。

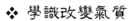
❖ 學識改變氣質

曾國藩初見同治皇帝：身材瘦弱、面孔蒼白，一臉稚氣——全無一點聖象。曾國藩欲召幕僚，目測墨海書館的名士王韜：矮胖臃腫，眉毛粗黑，兩隻魚泡眼鬆鬆垮垮，毫無神采——酒色之徒，今生難成大器。

曾國藩認為，氣質來自天賦，很難改變，但讀書可以改變人的氣質：「蓋士人讀書，第一要立志，第二要有識，第三要有恆。有志則不甘下流，有識則知學問無盡，不敢以一得自足，如河泊之觀海，如青蛙之窺天，皆無識者也。有恆則斷無不成事。」

漢代的周亞夫兒時木訥，後潛心兵法，終於成為「臨危不亂」的大將，為平定「七王之亂」立下赫赫戰功。三國吳將呂蒙，兒時口吃，後勤奮學習，也成為「知進知退，寵辱不驚」的大將，並擊敗關羽，收復荊州。這二人均為「大器晚成」，可見學識對一個人氣質的形成、事業的發展也是非常重要的。

獨具慧眼，預見英才

得人才者興，失人才者亡，這是人人熟知的法則。但古有「千里馬常有而伯樂不常有」的感歎，可見慧眼識英才並非易事。

❖ 有愛才之心

領導者就是伯樂，但如何從下屬中去發現千里馬，培養千里馬，就需要領導者慧眼識珠，以德為先，大膽啟用人才了。

北宋著名將領宗澤，破格提拔岳飛，被傳為慧眼識才的佳話。當時，岳飛雖係無名之輩，且出身寒微，還屢遭陷害，然而，宗澤發現岳飛有「精忠報國」之心，抗金禦敵之才，破格授予要職。試想，若沒有愛才之心與敏銳的洞察力，怎能發現這樣的人才？

曾國藩認為，人才是根據求才者的智識高低而出現的，也需要用才者善於鑑別、善於使用。用人就像用馬，如果得到千里馬卻不認識，或者即使認識了，卻不能充分發揮牠的能力，就形同那些只會喜歡衰弱無力的馬而拋棄雄壯剽悍的駿馬的人了。「辦事不外用人，用人必先知人」，「收之欲其廣，用之欲其慎」，凡具一技之長者都要廣為延攬。

❖ 慧眼識奇才

善識人者能於眾人之中發現賢能，有慧眼者能識奇才於未露頭角之時。蔡元培擔任北京大學校長時，曾在雜誌上看到一篇哲學論文。他對文章的觀點頗感興趣，認為很有見解和深度，

然而作者卻是報考北京大學未被錄取、當時只有24歲的梁漱溟。蔡校長表示：梁漱溟想當學生沒有資格，就請他來當教授吧！梁漱溟果然不負厚望，其成就震動了學術界。

　　當年任北京藝術學院院長的徐悲鴻參觀一場中國畫展時，掛在角落裡的《蝦趣》引起了他的注意。畫面上那對蝦子生動逼真，筆法嫻熟；這位畫壇大師立刻意識到，他發現了一位出類拔萃的藝術人才。當他得知畫的作者竟是一位年逾六十、木匠出身的老者時，不由得為這個懷才不遇的人感到惋惜，這位老者就是齊白石。徐悲鴻當即找來展覽負責人，將齊白石這幅畫移掛到展廳正中，與自己的《奔馬圖》並列，並親自將標價改為原來的 10 倍，齊白石由此聲譽驟起。徐悲鴻又專程拜訪齊白石，請他擔任藝術學院的教授。一年後，由徐悲鴻親自編輯作序的《齊白石畫集》問世。從此，畫壇又添一星。白石老人在給徐悲鴻的信中說：「生我者父母，知我者君也！」

慎待早慧

> 英才早慧,固然可喜,若漠視後天扶持,則可能泯然
> 眾人。

❖ 英雄出少年

曾國藩認為,眉對於人的命相十分重要。「眉主早成」,
眉相佳,則可能少年得志。此說對於今人參考價值不大,但對
待人才的早慧,不可不慎。

歷史上有不少神童和少年雄才:秦國的甘羅十二歲就當上
了上卿;東漢科學家和文學家張衡十歲博覽群書;唐代大詩人
李賀七歲以詩出名;唐代文學家王勃六歲善辭文;宋代大詩人、
書法家黃庭堅幼年博聞強記,五歲誦五經……

「自古英雄出少年」,年僅十二歲的甘羅的口才與謀略比
起那些老練的謀士與說客來,一點兒也不遜色。小小年紀,就
掌握了威逼利誘、拉攏分化的政治權術和遊說技巧。呂不韋想
請張唐到燕國去當宰相,打算秦燕合兵攻趙,張唐推卻。而小
甘羅三言兩語,陳說了利害關係:你張唐功勞不如白起大,范
雎的權力不如呂不韋大,范雎能絞殺白起,難道呂不韋就不敢
殺你嗎?他用禍患來威脅張唐,終於使對方就範。

他又用對趙國國家安全將要構成的巨大災難來震懾趙國,
也使趙國屈服。有志不在年高,年輕人有膽識、少有傳統的束
縛。

❖ 謹防「早慧者也早衰」

早慧令人豔羨，但事實證明，不少早慧的人似乎缺乏後勁，曾經意氣風發的少年天才最終泯然眾人。諸葛亮在給哥哥諸葛瑾的書信中曾特意說到他的兒子諸葛瞻：「瞻今已八歲，聰慧可愛，嫌其早成，恐不為正器耳。」這裡，他擔心兒子早慧，不能成重器之材。

東晉名士王戎是有名的「神童」，七歲時和同伴們外出遊玩，看見路邊的李子樹有好多果實，同伴們爭相去摘，只有王戎不動。人們問為什麼，他回答，李樹長在路邊卻有許多果實，這必定是苦的。品嘗李子後果然如此。不過，這個「神童」長大後卻變成了典型的吝嗇鬼、「算盤精」，連子女也算計。

早慧者忽視後天努力，往往趨於平庸。王安石筆下的方仲永，便是典型例子。方仲永小小年級就能作詩，被當做神童。父母只顧每天帶著他到處炫耀，而不注意及時培養，結果他十幾歲時，就很平常了。

早慧者易輕浮。有很多能力，大都需要下工夫，不能取巧。早慧者易虛榮，年紀輕輕，四面都是讚美的話語，往往恃才放曠。「早慧者也早衰」，這是一部分人的看法，符合「水滿則溢」的思想。

❀ 大器晚成 ❀

《老子》云，「大方無隅，大器晚成，大音希聲，大
象無形」，意思是，最方正的東西是沒有稜角的，最貴重
的器物要花很長時間做成，最大的聲音往往微弱聽不清，
最大的形象卻是無形。

❖ 崔琰識人

曾國藩認為，鬍鬚主晚運。這裡含雜著迷信色彩，姑且不
詳述。人才的成長，有少年得志和大器晚成之分。提及大器晚
成，人們最容易想到「姜太公八旬遇文王」、「梁灝八十二歲
中狀元」的故事。

《三國志·魏書》裡也有這樣一個典故：東漢末年，崔琰
先做過袁紹的門客，後又跟隨曹操。袁紹和曹操都很器重他。
崔琰很有識人的才能，他有個堂弟叫崔林，親戚朋友都很看不
起他。崔琰經過仔細觀察，覺得崔林將來很有可能取得大成就。
他常對人說，才能大的人有時需要很長時間方能成器。後來，
崔林果然當了上御史中丞，還在魏文帝手下任過司空，做了許
多大事。

❖ 成功不分先後

北宋文學家蘇洵也是大器晚成的典型。「蘇老泉，
二十七，始發憤，讀書籍。」這是過去廣泛流傳的《三字經》
中的一則典故。蘇洵年輕時，讀書不努力，是個浪蕩公子，直
到二十七歲方有覺悟，於是發憤學習。學了一年多，自以為差

不多了，就去考進士，結果沒有考中。於是，他把自己過去所有不成熟的作品全部燒掉，謝絕賓客，閉門攻讀，如此發憤攻讀了五、六年，終於文才大進。後來，他帶著兒子蘇軾、蘇轍，來到京師開封。當時翰林學士歐陽修把他的作品二十二篇呈上朝廷，得到極高的評價。宰相韓琦上奏皇帝，任命他為祕書省校書郎，這時他已年過五十了。

明代學者李贄，從小家境貧寒，青年時代在顛沛流離中度過，立志著書時已 54 歲了，他的名著《焚書》和《藏書》是在 60 歲後完成的。近代畫壇巨匠齊白石 30 歲才開始學畫，他們都是大器晚成的人，也是用一生的耐心去等待成功的人。

許多人已經習慣於接受「神童」一類的成功，卻無法相信白髮蒼蒼、已近垂暮之年的老人也會有意想不到的收穫。偏偏生活總愛與人開些出乎意料的玩笑，許多被人們認為老之將至的人卻青春勃發，取得了令人羨慕的成績。大器可以晚成，成功不分先後。不知努力的人是不會成為大器的。

冰鑑新解

管仲觀人十二準則

孔子感歎說：「假如沒有管仲，我也要穿異族服裝了。」

❖ 春秋第一相

管仲，少時喪父，為維持生計，與鮑叔牙合夥經商後從軍。到齊國後，幾經曲折，經鮑叔牙力薦，為齊國上卿（即丞相），被稱為「春秋第一相」，輔佐齊桓公成為春秋第一霸主。管仲注重經濟，反對空談主義，主張改革以富國強兵。他建立了選拔人才制度，士經三審選，可為「上卿之贊」（助理）。

❖ 識人準則

在識人方面，管仲無疑有獨到之處。他提出了觀人的十二準則：

【虛言妄語的人不能委以大任】：虛言妄語的人，嫉妒心特別強，容易產生怨恨，甚至憤而謀叛。

【巨眼之人可以共謀大事】：有些人眼光短淺，只能加以指使運用。

【顧憂的人能擔重要任務】：顧憂的人，善於自我反省。

【急躁的人要設法遠離他】：性情急躁的人，常貿然採取行動。

【舉長的人要耐心期待他】：舉長的人，能預測將來，注重追求長期利益。這種人外表看起來並不聰明，卻常是大器晚成。

【裁大的人必能受人尊敬】：裁大的人，能夠果斷地執行

大事。有些人不能因他小事辦得好就把大事委任他。

【挑食的人不可以重用他】：挑食的人太過挑嘴，身體不會健康。思想太偏激的人，同樣不會成大事。

【必得的人做事很不牢靠】：必得的人，輕易就斷定「沒有問題」。這種人判斷事情過於草率，辦事不牢靠。

【必諾的人不能信任他】：必諾的人，隨口答應「我負責」，結果不能達成使命。

【小謹的人很難有大成就】：小謹的人拘泥小節，也貪求眼前的小利，所以不容易有大成就。

【小功的人要再仔細觀察】：有些人在問題很小的時候，就把它解決掉；有些人卻只能夠解決小問題。這兩種人，要仔細分辨。

【言必有中的人能擔大任】：平常不太說話，一旦開口就能切中問題的核心，這種言必有中的人，謹慎小心，可以承擔大任。

孔子的識人觀

在所有教導如何觀察人的方法中，「視其所以，觀其
所由，察其所安」，也許是最簡單明瞭和直接有效的方法。

❖ 孔子善識人

作為卓越教育家的孔子，在識人方面也是有一套較為深刻
的見解的。他說：「眾惡之，必察焉；眾好之，必察焉。」人
無完人，大家都喜歡的人，或者大家都討厭的人，就要仔細觀
察他了。

公冶長，七十二賢之一。相傳通鳥語，並因此無辜獲罪。
孔子卻認為，可以把女兒嫁給他。他雖然被關在監獄之中，但
那不是他的罪過。於是便將女兒許他為妻。公冶長繼承孔子遺
志，教學育人，成為著名文士。孔子擇婿，不以貌取人，不看
重錢財權勢，不求全，唯重品德，注意長期觀察，難能可貴。

孔子提出過「視其所以，觀其所由，察其所安」的三步識
人方法，這是其人生哲學很重要的學說。在今天看來，它對我
們識別人才仍有一定的借鑑意義。

❖ 三步識人法

1.「視其所以」，即看他的動機。

人的各種行為，必有其用意，或是為求一己之快樂或私利；
或是為公眾謀利益等。「所以」就是用以引發行為的動機，動
機有正有邪。動機純正者，其人必富於仁德，而動機邪惡者，
必是寡德之人。

2.「**觀其所由**」，**即看他為達到目的，所採用的手段方式如
何。**

看他走什麼樣的路，看他如何去做。也就是孔子常講的「察
其言，觀其行」。如果一個人言行一致（不是一時一事，而是
始終如此），那麼這個人就可信，如果這個人言行不一，就要
多考慮一下了。《三國演義》裡的呂布，勇猛過人，可他做大
事的手段卻很卑劣，殺了兩個義父，搶了恩人劉備的徐州，使
得天下英雄只想跟他做敵手；但那個聰明過人的陳宮，偏偏投
奔他，結果受了連累，一命嗚呼。當然，對「信」也要做具體
分析。大事講原則，小事講靈活。

3.「**察其所安**」，**即看他的情感取向，看他「心安」或「情
繫」何處。**

要了解一個人的注意力在什麼地方，其目標是什麼，什麼
事情是他最在意的。注意某個人喜歡什麼，不喜歡什麼。很難
想像，一個熱中於和一些蠅營狗苟、一門心思都是歪門邪道之
輩交往密切的人能夠把事情做好。

孟子論辨識人才

自暴者，不可與有言也；自棄者，不可與有為也。

❖ 尊賢使能

春秋時期，大哲人孟子一生周遊列國，與各國君主論政，並善於識人。孟子一見到梁襄王，就說他「望之不似人君」。接近他時，再仔細地看看，襄王一點謙虛之德都沒有，一點恐懼戒慎的心情也沒有。他提出的以「尊賢使能」為核心內容的用人觀，對當今社會仍有積極意義。對於怎樣用人，孟子在吸取了孔子「舉直錯諸枉，則民服；舉枉錯諸直，則民不服」的思想下，並有了新的發展和提高。

❖ 識別賢不肖

一次，齊宣王問孟子如何去識別那些缺乏才能的人而捨棄他，孟子回答：「國君選拔賢人，如果迫不得已要用新進，就要把卑賤者提拔到尊貴者之上，把疏遠的人提拔到親近的人之上，對這種事能不慎重嗎？因此，左右親近之人都說某人好，不可輕信；眾位大夫都說某人好，也不可輕信；全國的人都說某人好，然後去了解；發現他真有才幹，再任用他。左右親近的人都說某人不好，不要聽信；眾位大夫都說某人不好，也不要聽信；全國的人都說某人不好，然後去了解；發現他真不好，再罷免他。左右親近的人都說某人可殺，不要聽信；眾位大夫都說某人可殺，也不要聽信；全國的人都聽說某人可殺，然後去了解，發現他該殺，再殺他。這樣，才可以做百姓的父母。」

據說明太祖朱元璋看到此段文章大發脾氣，下令刪除此章，因為他殺了許多功臣，沒有什麼民主觀念，他說誰好就是誰好。這裡提出了「兼聽則明，偏聽則暗」的管理方法。

再好的人才也有不承認他的，也有比他強的；再差的人也有優點，也會得到部分人的認可。如果他沒有什麼作為，只是一路靠吹捧而來的，你要他去做實事，他肯定是做不好。所以，要像孟子說的那樣，多方面地去了解，分析大家的意見再做決定，錯的機率自然就小了。

孟子還指出，為政做官，心懷大志的人必須有同情憐憫之心，這是仁的開端；必須具備羞恥好惡之心，這是義的開端；必須具備謙虛清廉之心，這是禮的開端；必須具備明辨事非之心，這是智的開端。只有具備這四種慧根，並發揚光大，才足以安定天下。

❈ 莊子識人九徵 ❈

今世俗之君子，多危身棄生（危害身體，捐棄生命）
以殉物（犧牲於外物），豈不悲哉？

❖ 莊子論人才

戰國時的哲學家莊周，針對如何不被外表的假象所迷惑而
窺探人的內心這一問題，在其〈列禦寇〉一文中，假託孔子之
口，將一個人的「才」分為智（智力）、品（品味）、德（道德）
三部分。他提出人有「九徵」，即識人有九種方法。忠誠、恭敬、
有能力、有心智、守信用、清廉、守節操、儀態端莊、不亂心智，
是為人才。這對今人依然具有極強的現實意義。

❖ 九個方面察人

【遠使之而觀其忠】：意思就是把人放到遠離上級和中央
的地方去工作，觀察他的忠誠度。

【近使之而觀其敬】：就是將所要識別的對象派到自己身
邊工作，從而便於考察他的行為。

【繁使之而觀其能】：就是在情況複雜時派他去工作，看
他的能力如何。

【卒能問焉而觀其知】：就是突然之間詢問他，看他的智
慧如何。當遇到一件突如其來的事時，常人往往總是束手無策，
而對於應變能力強的人來說，他會從容不迫、有條不紊地給予
回答。

【急與之期而觀其信】：在倉促的情況下和他約見，看他

是否守信。

【委之以財而觀其仁】：即指在考察人時，透過託付給被考察對象以錢財而觀察他的廉潔情況。

【告之以危而觀其節】：在出現了危難的情況讓其處置，可以其處置危難的情況來觀察他的節操。

【醉之以酒而觀其態】：指用酒將人灌醉後來了解其變化的形態，知其修養程度。臨危不懼，寵辱不驚，坐懷不亂，鎮定自如，這是領導者的基本素質。如果整天沉迷於酒色，醜態百出，必誤大事，又何以服眾？

【雜之以處而觀其色】：就是將對方放在混雜的環境裡，看他的本性如何。混雜的環境可以鍛鍊人，也容易改變人，使人喪失本性。

呂不韋的「八觀六驗」、「六戚四隱」

《呂氏春秋》深得後人的好評，司馬遷稱它「備天地萬物古今之事」。

❖ 呂氏春秋

《呂氏春秋》是戰國末年秦國丞相呂不韋組織門客們集體編撰的雜家著作，又名《呂覽》。此書共分為十二紀、八覽、六論。其中〈冬紀〉主要討論人的品性問題。《呂氏春秋》認為：要全面地考察一個人，不但要能看清他的表現，還要能夠洞察他的內心品格，因此就該外用「八觀六驗」，內用「六戚四隱」之法，如此一來，任何人的本來面目都將一一明察而不會有絲毫的疏漏了。

❖ 察人內外兼顧

1. 八觀

在一個人通達、過著很順利的日子的時候，要注意看他禮遇的是些什麼人；在他顯貴、發達的時候，要注意看他舉薦些什麼人；在他富貴的時候，要注意看他供養、收養些什麼人；在他聽取意見的時候，要注意他將採取些什麼行動；在他閒暇無事的時候，要注意看他有些什麼喜好和嗜好；在與他探討問題的時候，要注意他說些什麼話、怎樣說話；當他貧窮的時候，要看他不接受什麼東西；當他社會地位處在下賤階層的時候，要看他絕對不做什麼事情。

2. 六驗

當他高興的時候，要檢驗他什麼地方沒有過分的表現、所遵守的事情沒有因此而開放；當他快樂的時候，要看清他的癖好；當他發怒的時候，要看清他的節制，能否保持理性；當他恐懼的時候，要看清他是否保持著足夠的自制力；當他哀傷的時候，要看清他為何哀傷，透過這種哀傷能否看到他的仁慈之心？當他處於苦難當中的時候，要看清他這時所秉持的始終不渝的志向。

3. 六戚四隱

還要聽取他六類親戚、四種接近他的人對他所作的評價。六類親戚是：父、母、兄、弟、妻、子；四類接近他的人是：朋友、舊識或同事、鄉親和鄰居。這些人代表了對他最為熟悉的群體，所發表的看法也必然是最為客觀和全面的。

「下工相形，中工相神，上工相聲。」──《論衡》

黃山獅子林

第六章

聲音鑑

聞其聲而知其人

聲音的清濁之分：中工相神，上工相聲

曾國藩承前人之說，認為人秉天地五行之氣，其聲音也有清濁之分。

《冰鑑》中說，人的聲音，跟天地之間的氣一樣，也有清濁之分，清者輕而上揚，濁者重而下墜。聲音起始於丹田，在喉頭發出聲響，至舌頭那裡發生轉化，在牙齒那裡發生清濁之變，最後經由嘴唇發出去，這一切都與宮、商、角、徵、羽五音密切配合。看相識人的時候，聽人的聲音，要去辨識其獨具一格之處，不一定完全與五音相符合，但是只要聽到聲音就能想像這個人，不一定非要見到這個人才能看出他究竟是個英才還是庸才。

一個醫生可以透過聽診器聽出人的內臟病變，一個瓜農可以聽出一個西瓜的好壞。曾國藩指出，一個經驗豐富者也可以從對方的聲音中知道他的命運。這在古代許多著作中都有介紹。東漢思想家王充在《論衡》中說：「下工相形，中工相神，上工相聲。」意思是普通相師是從外形上看人的命運，水準稍高一點的相師是從人的神態上看命運，水準較高的相師則是從人的聲音中看出命運的。

古人認為，聲音的產生依靠自然之氣（空氣），也與內在的「性」密不可分。聲音又與說話者當下的心理活動密切相關，大小、輕重、緩急、長短、清濁都有變化，這與人的特性也是息息相關的，這就是聞聲辨人的基礎。

由於先天稟賦、後天環境的不同，聲音在一定程度上表現著一個人的健康、品德、智愚等。一個心胸寬廣、志向遠大的人，

聲音有平和廣遠之志，而且聲清氣壯，有雄渾沉厚之勢。身短聲雄的人，自然不可小看。

　　曾國藩提出，聲音中上佳者，應是始發於「丹田」中的，丹田在人身臍下三寸處。發於丹田的聲音深雄厚重，韻致遠響，是腎水充沛的表現。腎水充沛，身體自然健康，能勝福貴。那種發於喉頭、止於舌齒之間的根基淺薄的聲音氣不足，給人虛弱衰頹之感覺，為腎水不足的表現。

　　有人口齒伶俐，口若懸河，必須要分辨出他是否華而不實。三國時，北方青州的隱蕃逃到東吳，對孫權講了一大堆漂亮的話，孫權認為他很有才華，便問胡綜。胡綜認為他的話，大處有東方朔的滑稽，巧捷詭辯有點像禰衡，但才不如二人。不能治民，可派做小官試試。於是孫權派他到刑部任職，左將軍朱據等人都說隱蕃有王佐之才，為他叫屈，並親為宣揚。因此，隱蕃門前賓客盈集。後來，隱蕃作亂於東吳，事發逃走，被抓回而誅。可見，對似是而非之人的辨識的確不易。

辨識聲相優劣高下：聲之優劣

「心氣之徵，則聲變是也。」聲音，與人的地位、內心修養、情感等確有一定的聯繫。

曾國藩認為，人開口之時發出來的空氣振動產生「聲」，閉口之後，剩下來仍在空氣中振動而產生的是「音」，是「聲」傳遞的結果，為「聲」之餘韻，正如平常人們所說的「餘音繞樑」。

人的聲音具有濃厚的感情色彩，能引起人複雜的心理效應。聲音的強弱、快慢、高低、純濁，都能顯示出異常複雜的情感。三國時劉邵在《人物志》中說，外表的動作，是出於人的心氣。心氣的象徵又合於聲音的變化。氣流之動成為聲音，聲音又合乎音律。有和平之音，有清暢之音，有迴蕩之音。

相學名著《靈山祕葉》說：「察其聲氣，而測其度；視其聲華，而別其質；聽其聲勢，而觀其力；考其聲情，而推其徵。」其觀點是：透過聽聲辨音，可測心胸寬窄、貴賤和貧富。其中的聲氣，略同於聲學中的音量，透過聲氣粗細，察看人的器度；聲勢相當於聲學中的音長，聲勢壯者，聲力必大；聲華相當於聲學中的音質音色，「聲華」質美，則其人性善品高；「聲情」相當於帶感情的聲音。

曾國藩指出，「喜如翠竹折斷」，「怒如平地雷起」，「哀如擊破薄冰」，「樂如雪舞風前」，以上四種聲情並茂，純樸自然，清脆明朗，是至情至性之人的表現。

　　《冰鑑》中認為，聲和音有區別。聲產生於發音器官的啟動之時，可以在發音器官啟動的時候聽到它；音產生於發音器官的閉合之時，可以在發音器官閉合的時候感覺到它。辨識聲相優劣高下的方法很多，但是一定要著重從人情的喜怒哀樂中去細加鑑別。

　　欣喜之聲，宛如翠竹折斷，其情致清脆而悅耳；憤怒之聲，宛如平地一聲雷，其情致豪壯而強烈；悲哀之聲，宛如擊破薄冰，其情致破碎而淒切；歡樂之聲，宛如雪花於疾風刮來之前在空中飛舞，其情致寧靜輕婉。它們都由於一個共同的特點──輕揚而清朗，被列入上佳之口。如果是剛健激越的陽剛之聲，那麼，像鐘聲一樣洪亮沉雄就高貴；像鑼聲一樣輕薄浮泛就卑賤；如果是溫潤文秀的陰柔之聲，那麼，像雞鳴一樣清朗悠揚就高貴；像蛙鳴一樣喧囂空洞就卑賤。遠遠聽去，剛健激越，充滿了陽剛之氣。而近處聽來，卻溫潤悠揚，充滿了陰柔之致，起的時候如乘風悄動，悅耳愉心，止的時候卻如琴師拍琴，雍容自如，這乃是聲中之最佳者。

　　俗話說：「高聲暢言卻不大張其口，低聲細語牙齒卻含而不露」，屬聲中之較佳者。發出之後，缺乏餘韻，像荒郊中的孤牛之鳴；急急切切，斷續無節，像夜裡老鼠在偷吃東西；說話的時候，一句緊接一句，語無倫次，而且嘴快氣促；或口齒不清，含含糊糊，這幾種都屬於市井之人的粗鄙之聲，哪裡值得一說呢？

辨音識人

聲音作為人內在氣質和思想的外在表現，會不知不覺「洩漏」自己的心理等要素。

❖ 由聲知喜怒志向

人有喜怒哀樂七情，在語音中必然有所表現，即使人為極力掩飾和控制，但都會不由自主地有所流露。

春秋時，鄭國賢相子產一次外出巡察，經過東匠閭時，見有婦女在丈夫新墳前面哀哭。子產停車，仔細辨職。過了一會兒，子產竟派官吏把那個婦女抓來審問，隨從們迷惑不解。子產解釋說，聽那婦人的哭聲，沒有哀慟之情，反蓄恐懼之意，故疑其中有詐。經審問，是婦女與人通姦、謀害丈夫之故。可見，人的喜怒哀樂之情，必會在聲音中有所表現，即使人為掩飾，也會有些特徵。

羯族豪傑石勒，是十六國時期後趙的建立者。出生時，曾有一老人觀其相：「魚尾髮際上有四道骨，當為人王之相」。他 14 歲時，隨同鄉到洛陽做小買賣，曾倚著上東門長嘯，被西晉大臣王衍看到，王衍告訴左右，聽這個胡人少年的嘯聲，可知是心懷奇志的人，將來恐怕會成為天下的禍患。當即派人來抓他，但石勒早已離開。二十多年後，石勒果真帶兵俘獲了王衍等一大批王公大臣。在斥責晉臣清談誤國、彼此推卸責任後，當晚石勒命兵土推倒土牆，將他們全部壓死。從嘯聲中聽出一個人的志向，可見王衍的識人眼光。

❖ 亡國之音

　　萬寶常，隋代音樂家。隋文帝楊堅喜歡聽「哀管新聲，淫弦巧奏」曾命鄭澤等人重定樂律，製黃鍾調。演奏後，文帝詢問意見，萬寶常認為此樂聲之哀怨放縱，實非雅正音樂的道理。於是，文帝命其調整樂音。萬寶常後來曾聽太常寺演奏的樂曲，聽完之後，流淚不已。人們問他為什麼哭，萬寶常說，這樂聲淫厲而悲哀，預示著天下不久將自相殘殺，並且人也要差不多被殺光。當時全國形勢一片大好，聽者都不以為然。隋煬帝末年，他的話終於應驗了。

　　由聲音聽出一個人的心性、品德、喜好等，是一個很複雜的判斷過程。對於今人而言，好的聲音能提高說服力。音粗而低，說話速度快，尾音明亮，這樣就能給人留下一種「這人值得信任，積極、瀟灑。有領導才能」的印象。另一方面，有磁性的聲音加上優美的神態，更會產生強大的魅力。

第六章 聲音鑑　聞其聲而知其人

音乃聲之餘：由聲音識氣質

> 音，是聲的餘韻。圓滑尖巧的人說話則只有音而無聲，顯得虛飾做作。

　　曾國藩指出，音是聲的餘響，成功而健康者聲音洪亮，前後均勻無破邊，貧賤者有聲無音，尖巧者有音無聲。名流講話完畢，餘音繞樑，盪氣迴腸，聽者心搖神馳。

　　《逸周書・視聽篇》講到四點，也值得研究：內心不誠實的人，說話聲音支支吾吾，這是心虛的表現；內心誠信的人，說話聲音清脆而且節奏分明，這是坦然的表現；內心卑鄙乖張的人，心懷鬼胎，因此聲音陰陽怪氣，非常刺耳；內心寬宏柔和的人，說話聲音溫柔和緩，如細水長流，不緊不慢。

　　即使嬰兒小孩，其才氣性情的美好醜惡，也很容易被有識之士看破。《春秋左氏傳》記載，晉國大夫叔向的兒子伯石生下來時，叔向母親聽到伯石的哭聲，說：「是豺狼一樣的聲音！這恐怕要亡掉我們羊舌氏家族了！」於是沒有看望伯石。而後來楊食我（即伯石）果然因幫助祁盈，得罪了晉頃公，家族被滅。

　　楚國著名的令尹斗子文與其弟子良，都是朝廷重臣。子良之子越椒剛出生，子文見越椒的形貌近似熊虎，而聲氣近乎豺狼，斷定他將給家族帶來滅頂之災，主張把他殺掉，由於子良的阻撓而未能實行。後來越椒相繼為司馬、令尹，濫殺朝廷大臣，並率兵攻楚王，最後被楚王殺死，家族也遭禍。

　　在《世說新語》裡，有大量以相貌、聲音為鑑識的識人方法。例如漢末名士喬玄曾評論年輕的曹操「實為亂世之英雄，治世之奸賊」。而潘陽仲見到年少的王敦時曾說：「君蜂目已露，

低豺聲未振耳。必能食人，亦為人所食。」也預言了王敦有叛亂的野心，必然招致失敗的下場。以聲音來判斷人的心性才能，雖然有所偏頗，但其中的奧妙，是值得研究的。

《冰鑑》中說，音，是聲的餘韻，與聲相去並不遠，它們之間的差異是從細微的地方聽出來的。貧賤的人說話只有聲而無音，顯得粗野不文，圓滑尖巧的人說話則只有音而無聲，顯得虛飾做作，俗話說：「鳥鳴無聲，獸叫無音」，說的就是這種情形。普通人說話，只不過是一種聲響散布在空中而已，並無音可言。如果說話的時候，一開口就情動於中，而聲中飽含著情，到話說完了尚自餘音繚繞，不絕於耳，則不僅可以說是溫文爾雅的人，而且可以稱得上是社會名流。如果說話的時候，即使口闊嘴大，卻聲未發而氣先出，即使口齒伶俐，卻又不輕佻。這不僅表明其人自身內涵深厚，而且還會獲利盛名。

洞察「口有蜜腹有劍」的小人

投機鑽營是小人最擅長的技能，甜言蜜語是小人天生的本領，兩面三刀是小人慣常的表現。

❖ 提防小人

小人總是以好人的面孔出現，儘管是偽善，卻不容易被人識破。因此，提防小人除了那些搬弄是非的人，更要注意那些阿諛奉承之輩。

唐玄宗的兵部尚書李林甫，為相十九年，人極聰明，工書善畫。可惜他心術奸險，凡見別人的才望功業有高出他上的，他便心中嫉恨，表面以甘言奉承，暗中則加以陷害，所以人稱他為「口蜜腹劍」。

古時君子賢才遭小人一張嘴暗算的事例不勝枚舉。如戰國時趙國名將廉頗、李牧曾南征北戰，為趙國立過汗馬功勞。可是就是這樣兩位讓敵國聞之膽寒的名將，卻讓趙王身邊的寵臣郭開、韓倉等人一玩手腳，反而四處碰壁，大禍臨頭。一個倉皇逃命，一個流亡異國。

燕國名將樂毅，統帥五國聯軍伐齊，攻克城池七十餘座，甚至差一點就將齊滅亡，為燕一洗歷史恥辱，功勳蓋世，卻經受不住燕惠王身邊小人的讒言詆毀。小人們一挑撥，不要說功，連命都差點丟了，只好逃亡到趙國；還有曹魏名將鄧艾，立下平蜀第一功，主帥鍾會妒火中燒，便給鄧艾安了個謀反的罪名誅之……

❖ 郭子儀的精明

郭子儀對付小人很有一套。「安史之亂」平定後，功高權重的郭子儀並不居功自傲，為防小人嫉妒，他非常小心謹慎。

有一次，郭子儀正在生病，有個叫盧杞的官員前來探望。此人乃歷史上聲名狼藉的奸詐小人，相貌奇醜，時人都把他看成是個活鬼。正因為如此，一般婦女看到他都不免掩口失笑。郭子儀聽到報告，立即讓家人避到一旁不許露面，他獨自待客。盧杞走後，姬妾們問郭子儀：「別的官員來探病，你從來不讓我們躲避，為什麼此人前來就讓我們都躲起來呢？」郭子儀說：「你們有所不知，盧杞這個人相貌極為醜陋而內心又十分陰險。你們看到他萬一忍不住失聲發笑，那麼他一定會心存嫉恨。如果此人將來掌權，我們的家族就要遭殃了。」

後來，盧杞當了宰相，對以前得罪過他的人統統清算，惟獨對郭子儀還算比較尊重。

擅長於惺惺作態巴結的人，很容易得主子的歡心，而在小人得志的時候，凡是得罪了他們的人，都不會有好結果，有仇必報。郭子儀一生能夠平平安安度過，自有他的一套學問見識。

智慧拓展：言談鑑人優劣

古人云：「言未出而意已生。」

❖ 觀言識人品

人的言語情態與內心屬表裡的關係。經由言談你能了解對方的地位、性格、品德及至內心情緒。雖然人可以控制、掩飾自己的言語，但總有蛛絲馬跡可尋。

五代後梁開國皇帝朱溫，打天下時善於識人。一天，他在一棵大柳樹下休息，故意說：「這柳樹可以做車頭吧？」他早知道柳樹材質不結實，結果有幾個臣子隨聲附和。朱溫馬上翻臉：「『指鹿為馬』的事，看來真的不難啊！」他把說「可做車頭」的人抓起來，當即嚴懲。朱溫治諛可謂痛下殺手。

蘇軾的妻子王弗極會「幕後識人」，東坡和客人談話之時，王弗立於幕後，往往聽得數言，就能斷定客人是否值得交往，是哪類人，而且準確率相當高。

曾國藩識人之道中有「緩急之狀在於言」，意思是觀言識言，可以判斷其性格。在湖南辦團練時，每天都有百十人到營中報名，曾氏一一召見。一天，曾氏倦極不見客。正在似睡非睡時，忽聽外面有吵鬧聲，起身一望，但見一位身材不高的青年被守門人攔住。青年聲音琅琅，氣質非凡。曾氏推門而出。對青年說：「聽君的聲音爽朗圓潤，必是內沉中氣，才質非凡之人。」敘談之後，曾氏立即決定讓他掌管書記，日常文牘往還，也一併交給了他。羅萱最終成為曾氏的得力助手之一。

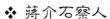

❖ 蔣介石察人

　　蔣介石一生效法曾國藩為人處事，在用人上也套用此法。蔣介石通常會和召見人員閒談家常一番，例如他會問：「你貴庚啊？」「你寶眷啊？」「平時讀什麼書啊？」有的人不習慣他的口音，或者聽不懂什麼叫「寶眷」，愣在那兒答不出來，那就會影響他自己的成績和晉升的機會。有的人比較清楚他的個性，當他問起平時看些什麼書的時候，只要說我最近在研讀「領袖訓詞」，蔣介石便連連誇讚「好，很好」，此人已然成功了一半。

　　對於談話對象，蔣介石最討厭的是對方膽怯、驚慌失措。據說，有一位師長在被晉升之前，受蔣的召見，談完話後，該師長不知是激動還是害怕，在下台階時摔了一跤，蔣介石認為此人不穩重、不沉著，準備要下發的委任狀就被扣了下來。

❧ 察言觀色巧知人 ❧

不懂得察言觀色，就等於不知風向便去轉動舵柄，不但事倍功半，弄不好還會在風浪中翻了船。

❖ 看人做事

察言觀色，就是不動聲色地觀察，察外而知內，從「心理語言」和「行為語言」來了解一個人，從而幫助你在時間較短、信息較少的情況下做出合理的決策。察言觀色是一切人情往來中操縱自如的基本技術，也是領導者識人的關鍵。

秦檜修建格天閣時，有個任職江南的官員，想巴結秦檜，就重金賄賂建築工人，取得廳堂的尺寸，特別定做絨毯獻給秦檜。由於絨毯的尺寸大小恰到好處，秦檜認為這名官員打探他府中隱私，非常生氣，常藉事斥責這名官員。

明朝人周忱任江南巡撫期間，正值大宦官王振當權。周忱怕王振藉機刁難，因此當王振興建宅第時，周忱事先要人暗中測量廳堂的大小寬窄，然後命人到松江按尺寸定做地毯送給王振作為賀禮。由於尺寸大小絲毫不差，王振非常高興。以後，凡是周忱所呈報的公文，都在王振的贊同下順利通過。江南的百姓因此蒙受福澤。

同樣是呈獻絨毯，結果卻一怒一喜，這是什麼原因呢？王振雖然驕橫、暴虐但心機並不深沉；秦檜則陰險狡詐心機重。王振喜歡招撫君子獲致名聲；秦檜卻是怕遭謀刺，所以以小人之心嚴防眾人。

❖ 和珅的本領

　　清代的和珅「少貧無籍，為文生員」，以一個小小的御前侍衛，平步青雲，任軍機大臣長達二十年之久，可謂空前絕後。這很大程度上是因為和珅「善解高宗（乾隆）意」。乾隆做太上皇時，一次讓和珅覲見。

　　和珅進去後，見乾隆南面而坐，嘉慶則西向坐一小杌，乾隆閉著眼，口中喃喃自語。過了一會兒，乾隆突然睜開眼問：「其人何姓名？」和珅應聲答道：「高天德、苟文明（此二人為白蓮教起義領袖）」，乾隆便點點頭，再次閉眼默誦。嘉慶大為驚駭，過了幾天，他偷偷地問和珅是如何猜到的，和珅解釋說：「上皇所誦的是西域密咒，誦此咒想讓他死的，必定是白蓮教的首領，所以就以此二人姓名回答。」嘉慶自愧不如，內心對之更為厭惡。

　　和珅雖是個大貪官，為世人所不齒，但是就交際上來講，他確實是一個大師級高手。

用人忌浮誇空談

浮誇是禍。禍就禍在浮誇者誇大其詞、無中生有、混淆是非。空談是禍，禍就禍在空談者脫離實際、不負責任、信口開河。

❖ 空談弊多

曾國藩對「心眼太多，好說大話」的浮滑之輩深惡痛絕。他認為：「好輕易談論用兵之道的人，他的閱歷肯定很淺；好攻擊人家的短處的人，他的自我修養一定很差。」所以強調「崇尚樸實，杜絕浮華」，厭惡油嘴滑舌的夸夸其談。

他說「湘軍的優點，全在於沒有官氣而有血氣，如果官氣增加一分，那麼血性就必然要減掉一分」。「湘軍向來不喜歡用花言巧語的將領」，「凡是不經過深入的思索，就信口開河的，我從來不跟他們說長短。」

軍事上，兩軍對壘，空談可誤戰機、吃敗仗，甚至因一次失敗牽動全局，一棋丟失滿盤皆輸，就像趙括紙上談兵、馬謖失守街亭，一失誤成千古恨，害己又誤國。

經濟上，逐鹿市場，空談可誤商機、失主動；政治上，空談貽誤時機、加深矛盾……「許多人只會無端的空談和飲酒，無力辦事，也就影響到政治上，弄得玩『空城計』毫無實際了。」魯迅先生評價魏晉時代社會風氣的話至今讓人警醒。

❖ 敏於行而訥於言

康熙皇帝為政講求實效，反對空談浮誇。他少年時因苦讀

而咯血，曾經染上吸菸陋習，當了皇帝後，他堅決戒菸，力勸眾人也不要抽菸；他曾站在正陽門城樓上，指揮撲滅不遠處一家店舖燃起的熊熊大火，也曾在新安郭里口，指揮救滅趙家莊一家百姓的大火，見損失慘重，當場救濟；他反對修長城，認為無用，且開支驚人，強調「眾志成城」；他厭惡政治馬屁精，他一再反對上尊號，直到晚年仍如此。

曾國藩說過：「長傲多言為凶德。」「多言」是「傲」的一種表現，人一驕傲必然流於虛偽，難成大事；好議論他人、譏評時人同樣易讓人生厭。「若要看條理，全在言語中」。就是看這個人思維有無條理，主要看他說話。曾國藩對於說話這方面，他不喜歡說話多的人，不喜歡說話快的人。他也主張少說話，少言。

他很欣賞湘軍的李續賓，他曾經就這麼說過李續賓：「在稠人廣坐之下，終日不發一言」。中國文化不主張人說話說得太多。孔夫子開始就是「敏於行而訥於言」。說話說得太多不是好事，言多必失。

❧ 善聽弦外之音 ❧

言談能告訴你一個人的地位、性格、氣質及至流露內心情緒，因此善聽弦外之音是「察言」的關鍵所在。

❖ 曾國藩的清醒

言談能告訴你一個人的地位、性格、氣質及至流露內心情緒，因此善聽弦外之音是「察言」的關鍵所在。

湘軍取得「安慶大捷」後，各將領準備盛筵慶賀，曾國藩不同意，只准寫對聯慶賀。勸進派代表李次清第一個寫成，裡面有「王侯無種，帝王有真」，曾國藩看後立即把它撕毀了。

湘南才子王闓運為人慷慨激昂，向以霸才自居。他多次拜見同鄉曾國藩，暗示他為文直接以諸葛亮、曹操為楷模。曾國藩漸漸聽出了弦外之音，王闓運是藉談詩論文之機暗示他學諸葛亮、曹操擁兵割據，然後推翻清廷。他不動聲色地以食指蘸杯中茶汁，在几上寫了不少「謬」字。王闓運自知他的帝王之術再無實現的機會，頗為沮喪。

❖ 流水高山心自知

曾國藩手下悍將彭玉麟攻克安徽後，大江南北都在湘軍麾下。他迎接曾帥沿江東下時，船未靠岸，就差人遞上一封密信，內有十二字：「東南半壁無主，我公豈有意乎？」據說當時曾國藩說：「不成話，不成話，雪琴（彭玉麟的字）還如此試我。可惡！可惡！」把信撕碎了，吞嚥了下肚。

早在咸豐帝臨死之時，有遺言說：「克復金陵者王」，但

最終慈禧和同治帝只給了曾國藩一個「一等毅勇侯」。同治帝還下詔，要求曾氏和各級將領，從速辦理軍費報銷，這無異於過河拆橋。因此，曾國荃、彭玉麟等人曾約集三十餘名高級將領深夜請見，要曾氏「速作決斷」，曾氏只寫下「倚天照海花無數，流水高山心自知」一聯，算是作答。

據說，先後有多人試探曾氏「問鼎」中原。以曾氏的威望，確實具備了這個實力與機遇，但曾氏熟讀儒家經典，他堅拒眾人勸其稱帝的事，尤能反映其品格特徵等處世風格。

善聽弦外之音是識人的關鍵所在。如果你能夠窺一孔而知全貌，以小見大，你就已經掌握了「明眼人」必備的一項關鍵技能。

❊ 做兼聽的智者 ❊

> 凡自以為天資英明的人，都免不了要受他人的蒙蔽。
> 懂得兼聽，才最清醒。

❖ 偏信的悲劇

曾國藩認為，要集思廣益，兼聽而不失聰。領導者尤應如此。漢武帝一生有作為，但在晚年偏信小人江充，上演了一幕巫蠱鬧劇。晚年的武帝因為經常有病，疑心很重。有一次他夢見有幾千個木頭人打他，醒來後就又病了。他不是吃藥調養，而是說大臣和百姓詛咒了他。於是命江充到各地去調查此事，江充乘機打擊異己，先後使幾萬人死於非命，這些人中有丞相和武帝的兩個女兒。此後，又有人揭發太子劉據的宮中有詛咒武帝的木偶人，這逼得太子假造聖旨捕殺江充。武帝大怒，命人領兵抓捕太子。雙方在長安激戰幾日，太子戰敗，皇后衛子夫感到難脫干係，自殺身亡。不久太子也自縊。全家死亡殆盡，一年後，此事才真相大白。漢武帝遂誅滅江充家族，繼而在太子蒙難處築「歸來望思台」，品嚐自己一手釀成的苦果。

❖ 兼聽之智

魏明帝曹睿試探佞臣，手段高明。劉曄善於揣度君主之意，很受寵信。曹睿要討伐蜀國，群臣皆表示不可，曹睿私下詢問劉曄，劉曄卻說可以。但是，劉曄在和其他大臣單獨討論伐蜀事宜時，又表示不可以。有人將此事告知曹睿，說劉曄是棵牆頭草；曹睿並沒有偏袒他，而是設計試探。果然，劉曄不知是計，

仍然一如既往地附和曹睿，曹睿就逐漸疏遠了他。

　　貞觀二年，唐太宗問魏徵什麼樣的國君是明君，什麼樣的國君是昏君。魏徵答道：「國君之所以能賢明，是因為他能兼聽；之所以會昏愚，是因為他偏聽偏信。」不聽信某幾個人的一面之詞，廣開言路，使正反意見得以並陳，國君才能做英明的決策。太宗採納了魏徵的意見，以兼聽防昧，終於創造出大唐盛世。

　　春秋時，齊國大夫晏嬰突然辭去在其手下為官三年、一貫謹慎的高繚，眾人不解。晏嬰解釋道：「自己如彎曲的木頭，需要用斧頭來砍，用刨子來刨，才能做成有用的器具。高繚三年來看到我的過錯從來不說，這對我有何用處？所以只好把他辭掉。」

認真對待反對者的聲音

讓人家講話，天不會塌下來。

❖ 信言不美

在領導者身邊不乏一些反對自己的人，有人面對反對者的態度是把他們視為自己的「眼中釘」、「肉中刺」，不失時機地給他們穿穿「小鞋」；有的則顯得束手無策，表現得對他們無可奈何；有的則能輕鬆地管理這些人，每次都能正確地對待他們的反對意見。如果領導者每天聽到的全都是讚美自己的話，聽到的都是一致的聲音，這反而不是一件好事。

魏徵和海瑞都是我國古代勇於直諫的忠臣。作為一代明君的唐太宗，能聽取魏徵的批評，常以人為鏡，故能開創貞觀太平盛世。而明代的嘉靖帝，二十多年不上朝，貪權、貪財、貪色，任用權奸、罷黜忠良，老百姓恨恨地罵道：「嘉靖，嘉靖，家家淨」。當他聽到海瑞批評其迷信道教、不理朝政的逆耳之言，便大發雷霆，將海瑞下獄，幾置死地，被後人列入「昏庸之君」。

❖ 嚴以責己，寬以待人

人非聖賢，孰能無過？而要改正過錯，一方面要靠自省、自警，另一方面，則要靠他人真心誠意地指出缺點錯誤，幫助糾正。

「知過能改，善莫大焉。」反對者如果提出的意見是正確的，作為領導者絕不能馬虎對待，從自身開始糾正錯誤，這是最讓反對者信服的行為。

偏聽偏信，誤人不淺

誠實的話未必好聽，好聽的話未必誠實。喜歡當面諂媚的人，也喜歡背後詆譭人。

❖ 梁武帝的敗亡

俗話說，百聞不如一見。就是指耳聞之不如目見之。所以，知人特別強調要講究知人的藝術，識人知人不能光憑耳朵聽，還要用眼睛看，用心思察。

南北朝梁時，昭明太子的生母丁貴嬪病逝。丁貴嬪葬後，一個道士告訴太子，葬地不利於長子，要想免禍，便需在墓側長子之位埋下臘鵝及其他物品，太子照著做了。當時太子宮中有兩名內監鮑邈之和魏雅，兩人原來很受太子信任，後來鮑邈之因辦事不周漸被太子疏遠。鮑邈之心中憤恨，便向梁武帝誣告，說魏雅勾結道士，以巫蠱之術咒陛下天年，以祈太子早登帝位，故此在丁貴嬪墓側埋下臘鵝等物。梁武帝派人祕密挖掘，果然掘得臘鵝等物。梁武帝非常生氣，殺了道士。太子受此不白之冤，又無法辯解，氣急交加，一病不起，不久竟駕鶴西去，時年 31 歲。昭明太子曾編纂過著名的《昭明文選》，一個博學多才、禮賢下士的太子，想不到竟然死於卑鄙小人之手。

梁武帝在位 48 年，本想做一番事業，晚年時卻偏信奸邪小人，導致官場風氣敗壞。後來，叛將侯景將他囚禁於淨居殿，不給飲食，這位皇帝最終含恨而死。

❖ 偏信則暗

　　唐玄宗統治後期，重用奸詐的李林甫和楊國忠，朝政日漸腐敗。宰相李林甫，陰險奸詐。747年，玄宗命各地選拔人才，舉行考試。著名詩人杜甫、元結等都參加了這次考試。主持考試的李林甫壓制人才，竟不錄取一人。事後，他反而向玄宗賀喜，說社會上賢能的人都已啟用了。

　　領導者身居高位，對下情不可能事事清楚，他需要別人提供情況。領導者為官一任，最可怕的是被蒙蔽而聽不到真切的聲音。進耳之言，究竟可靠與否，還是需要調查研究的。古語說：「千人之諾諾，不若一士之諤諤。」作為一個領導者，不僅要做到兼聽，更要盡可能地多聽聽個別少數人的意見，只有這樣，才能達到「兼聽則明」的效果，才能做到「不以人蔽己」。

❦ 口才與人才 ❧

一言可以興邦，一言可以亡身。

❖ 古人重口才

「三寸之舌，強於百萬雄兵；一人之辯，重於九鼎之寶。」
此話出於《戰國策》開篇。許多時候，言語足以解決問題、化
解危機，而戰爭、衝突等暴力行為無助於問題的解決。會運用
謀略和口舌的人，他解決問題的方式就顯得非常輕鬆。

古人十分重視口才。孔子的學校開設了口才課，弟子中擅
長應付和論辯的人很多。春秋戰國時期自由論辯、百家爭鳴盛
行，策士遊說諸侯，出現了許多善辯之才。晏子、藺相如就藉
雄辯之才，維護了國家、國君及個人的尊嚴。

如果說戰國末期在諸侯七國中誰領風騷，毫無疑問是蘇秦
和張儀。蘇秦，著名縱橫家，他所要說服的，是一國之主的國君；
他所要促成的，是一個空前龐大的國際大聯盟。因此他的遊說，
其難度也是空前絕後的。但他最終做了六國宰相，大致形成了
合縱聯盟。張儀則在商鞅變法的基礎上，「外連衡而鬥諸侯」，
與秦國的耕戰政策相配合，運用雄辯的口才、詭譎的謀略，縱
橫捭闔，遊說諸侯，使得秦國「東拔三川之地，西併巴、蜀，
北收上郡，南取漢中」，為將來的統一發揮積極作用。

❖ 說「不」的藝術

「諸葛亮舌戰群儒」，其實是諸葛亮說服孫權抗擊曹操的
一個序曲。當時在東吳的陣營中，對於曹操的百萬雄兵壓境，

文臣武將有兩派主張，即投降派和主戰派。投降派的代表就是張昭、顧雍、虞翻等，要說服吳侯孫權，不說服這些整天在孫權耳邊散布曹操威脅論、散布曹兵不可戰勝論，並吵嚷著要投降的一班文臣謀士是不行的。

曾國藩是一名敢於向清廷說「不」的大臣。如果他在率領湘軍對太平軍作戰時老是對清廷唯命是從，那麼他本人恐怕早就步了江忠源的後塵，而他的部隊也無法不斷地壯大。不過，曾國藩對清廷說「不」自有一套藝術，他不以口才見長，但是寫奏章的工夫卻堪稱一流。他在奏疏中入情入理地遣詞造句，使他能夠說服天子，或者令天子儘管心中不甚愉快，也不得不屈從他的意思。

口才好雖是長處，但不可僅憑口才選人。一是難免會誘發說大話、講空話；二是會助長高談闊論、華而不實的不良行為。

❀ 謹言的智慧 ❀

謹言即小心說話，是為人處世的一個重要原則。

❖ 敏於事而慎於言

《論語》中多處談到謹言，比如「巧言令色，鮮矣仁」、「（君子）敏於事而慎於言，可謂好學而已」。孔子認為，國家政治清明時，言語正直，行為正直；國家政治混亂時，應該是行為正直，語言謙遜。無論在和平年代還是政局動盪年代，人的正直品行什麼時候都是適用的，只不過語言的表達方法要做些調整。

東漢末年，董卓篡權，廢帝立陳留王劉協，當宣讀策文時，尚書丁管憤怒高叫：賊臣董卓，敢為欺天下謀，吾當以頸血濺之！他揮動手中象簡，直擊董卓，董卓命立斬之，管罵不絕口，至死神色不變。丁管的義忠可歌可泣；但同為一朝之人，王允採用「貂嬋惑董」之計殺董，在謙遜言語背後醞釀著驚天動地之大計，亦令人欽佩不已。

❖ 曾國藩自警

曾國藩的修身十二款第六條是「謹言」。爭強好勝之心，年輕人常有之。曾國藩自己也承認，「好名之意，又自謂比他人高一層」。每夜靜思，面對「謹言」課程時，他常愧疚不已：白天「總是話過多」，「言多尖刻，惹人厭煩」的情形歷歷在目。談學論道乃常有之事，而他往往強言爭辯，「詞氣虛驕」。據日記記載，一次，他與好友為學業爭論起來，反省云：「彼此

持論不合，反覆辯詰。余內有矜氣，自是特甚，反疑別人不虛心，何以明於責人而暗於責己也？」此種情形在其日記中時有反映。

道光二十二年，曾國藩至友人陳源袞處為其母拜壽，「席前後氣浮言多」，與湯鵬等人討論詩文時「多誇誕語」。回家後在日記中寫道：「平日辯論誇誕之人，不能遽變聾啞，惟當談論漸低卑，開口必誠，力去狂妄之習。此二習痼弊於吾心已深。」曾國藩為戒妄語付出了艱苦努力。他甚至刻意疏遠朋友，被大家戲謔為「淡而無味，冷而可厭」。

當然，說話小心不是說你要裝聾作啞，而是說話要掌握分寸。傳閒話，仗勢欺人，狐假虎威，添油加醋，都不可取。斯多噶學派的芝諾說：「我們之所以有兩隻耳朵而只有一張嘴，是為了讓我們多聽少說。」言多必失，謹記「少說」，說則有理有智。

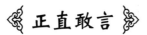 正直敢言

> 「文官死諫，武官死戰」是古人對正直和勇敢的溢美之詞。

❖ 「三光」佳話

人們常說「口是禍門」，歷史上卻不乏明知是刀山、偏往刀山上的闖者，這就是所謂為民請命，為社稷而犯顏直諫的仁人志士。

宋仁宗二十歲時，六十歲的劉太后仍垂簾聽政。到了冬至，仁宗率百官賀太后於會慶殿，范仲淹上疏有損國威，又力請太后捲簾還政，劉太后懷恨在心。推薦過范仲淹的宰相晏殊因怕連累自己對他大加責備。范仲淹卻說：「我官卑職低，但每年也有三百貫銅錢，相當於二千畝地一年的收成，如果不去為國為民立功，那和專門蹧蹋糧食的蝗蟲又有什麼區別？」晏殊深感愧疚。不久，范仲淹被貶，親友們送行說：「你此行非常光耀。」

劉太后死後，范仲淹被召回朝廷，更加大膽直諫了。當時，善玩權術的宰相呂夷簡很嫉恨他，將他貶到開封。這次親友們送行，對他說：「你此行更加光耀。」

幾年後，范仲淹因治水有功，又被調回京師。這時的呂夷簡勾結黨羽、濫用庸吏更是猖狂。范仲淹深入民間調查，繪製成一張他們爭名逐利醜態的「百官圖」，呈報仁宗。呂夷簡尋釁報復，范仲淹被貶為饒州知州。送行的王質讚揚道：「范君此行，尤為光耀！」范仲淹大笑：「仲淹前後已經『三光』了，

下次如再送我，請備一隻整羊作為祭品吧！」他以其高尚的官德、磊落的胸襟名垂後世。

❖ 「青牛」張之洞

　　清代張之洞為官，自有其兩面性，一是正直敢言，二是謹慎處事。同治年間，張之洞做京官，有所謂「清流」之說，眾多敢言大臣，激清揚濁，被人稱為「青牛」。最為出名的一件事，就是西太后太監恃寵與護軍衛士爭執的事件。雖說滿朝文武對西太后的處置不滿，也有諫臣暗指西太后寵信宦官。張之洞則以嘉慶朝「林清事件」為例，說明宮門護衛制度嚴格的重要性，最後護軍衛士得以保全性命，涉事的太監亦受懲罰。他是講策略的，不刺痛人，卻恰到好處，既敢言又適度。義和團起事時，西太后暗中支持。張之洞以國家興亡存續為念，公然抗命，同李鴻章等人做了「東南互保」，並在上疏草稿中，將「臣職守東南，不敢奉詔」之語，改為「臣坐擁東南，死不奉詔」。雖說如此，張之洞卻處處以「擁后派」自居，這也是慈禧器重他的原因之一。在宦海生涯中，他充分施展了政治智慧，能伸能縮、張弛有度。

❈ 識人，劍走偏鋒 ❈

聰明的領導者為了考察和了解一個人的某方面能力以及內心的想法，常常會突發奇招，劍走偏鋒。

❖ 由表及裡

得人之道，在於識人。識人之前，重在觀人。不細觀則不能明識，不明識則不能善用。識人雖難，但對於智者而言，各有妙招。

東晉大臣郗鑒曾派遣門人到丞相王導府中為女兒提親，對王氏子弟來說，這是一個難得機會，他們一個個神氣端肅，忸怩作態，惟獨青年王羲之毫不在乎，依舊袒腹而臥在東窗旁的床上。郗鑒反倒覺得這人灑脫自然，器度不凡，選中了這個「坦腹東床」的少年郎，從而為後人留下「東床快婿」的佳話。

北宋神宗年間，蘇東坡因烏台詩案被政敵彈劾下獄。一天夜裡，蘇東坡正要入睡，忽有一人走進囚室，放下一箱子做枕頭，倒地便睡。東坡以為他是新來的囚犯，未予理會，只管安睡。不料在天快亮時，那人推醒蘇東坡，一再恭喜，原來那人是皇上派到獄中觀察蘇東坡的太監，他回宮稟報：「蘇軾夜間睡得很沉。」神宗點頭，明白蘇軾問心無愧。不久，蘇軾就被釋放出獄了。宋神宗從蘇軾安然入睡的小事上，得知他內心無愧，可謂有識人之明。

❖ 明辨是非

胡雪巖胡慶餘堂的一個採購人員曾不小心把豹骨誤做虎骨

231

買了進來，而且數量不少。進貨員認為這個採購人員平日做事很牢靠，忙亂之中未加詳查就把豹骨入庫備用。有個新提拔的副手得知此事，以為又是晉升的機會了，就直接找到胡雪巖打「小報告」。胡雪巖當即到藥庫查看了這批藥材，命藥工將豹骨全部銷毀。眼看因為自己的工作失誤帶來巨大的經濟損失，進貨員羞愧地遞了辭呈。不料，胡雪巖卻溫言相勸，表示忙中出錯，在所難免。但對那位副手，胡雪巖卻給了一張辭退書。胡雪巖認為，身為副手，發現偽藥不及時向進貨者報告，已是瀆職，而背後打「小報告」更是心術不正，繼續使用此類人，定會造成上下隔閡。

　　古人云：「善用人者能成事，能成事者善用人。」不管採用什麼招數，發現人才、善用人才即是一個領導者成熟的主要要素。企業不在大小，員工不在多少。凡重用眾才之能者必興，凡善聚眾智之光者必明。

第七章 氣色鑑

以氣觀志，以色察人

總論氣色：面部如命，氣色如運

除了神骨、情態等，曾國藩也沒有忽略人物的聲音氣色，如「聲不雄」、「面有渾濁氣，色浮」、「面有正色」，其中有許多玄機可供闡發。

在傳統文化中，「氣色」是分為「氣」和「色」兩個概念的。「氣」是一個很重要的概念。圍棋中如果棋子無「氣」，意味著該子已死亡。氣功中講求「氣」的修煉和運行，氣不存，自然無功可言。古人認為人秉氣而生，人有壽夭、善惡、貧富、貴賤、尊卑的不同，這些都能夠由氣表現出來。氣運生化，人就有各種不同的命運和造化。「氣」旺，則生命力強盛；「氣」衰，則生命力衰弱。生命力不強，自然難以成功。生命力旺盛，則能長期充滿活力，「精神煥發」是戰勝困難，取得成功的必要條件。

色，主要是指人的面色。古人認為，色來源於氣，是氣的外在表現形式，氣是色的根本，氣盛則色佳，氣衰則色悴。人生病，其氣色不佳，就是氣色之一說的一種表現。

據《太平廣記》記載，唐代相術大師袁天罡的兒子袁客師，相人也很靈驗。他曾與人一同過江，上船之後，見船上幾十個人鼻子下都有黑氣，推測將要有大難，便與同伴急忙下船。不一會兒，一位跛腳男子神色高朗不凡，挑著擔子，趕著驢上船。袁客師認為此男子是貴人，不用擔憂，可以上船。果然，船到中流後，風濤忽然大作，船雖差點翻了，最後還是安全渡江。詢問趕驢的男人，他就是婁師德，後來官居宰相。

可見，一個人的個性、情態會在相貌和氣色上有所流露。

冰鑑新解

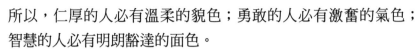

所以，仁厚的人必有溫柔的貌色；勇敢的人必有激奮的氣色；智慧的人必有明朗豁達的面色。

古人認為，看相分三個層次，一看形、二看色、三看氣。人一生的順逆主要看形體和格局。可一時的吉凶，往往要看氣色。舉凡一個人的面部滯色昏暗的，而氣又顯得虛浮無力者，相貌再好也難展現好相。色彩瑩潤帶有光澤且氣足氣旺者，相貌再不好，一生也很通達、順利。

《冰鑑》中認為，面部象徵著人的大命，氣色則象徵著人的小運。大命是由先天生成的，但仍應該與後天遭遇保持均衡，小運也應該一直保持順利。所以如果光輝不能煥發出來，即使是珍珠和寶玉，也和碎磚爛瓦沒有什麼兩樣；如果色彩不能呈現出來，即使是綾羅和綿繡，也和粗布葛衣並無二致。大命能夠決定一個人一生的禍福，小運也能夠決定一個人幾個月的吉凶。

❦ 氣色多種形態：氣色反映內在精神 ❧

> 「人以氣為主」，識人時，既要觀察內在的精神，又
> 要觀察外在的氣色。

　　曾國藩提出，人以氣為主，氣在內為精神，在外為氣色，
把氣與色看做表裡性的一組概念。觀察一個人的「氣」，既要
觀察內在的「精神」，又要觀察外在的「氣色」。這兩句話實
際上指出了觀察「氣」的門徑，也指明了「精神」與「氣色」
的實質。

　　在曾國藩的文字裡經常會看到「氣」。比如他說這個人有
「清剛之氣、有剛硬之氣、有倔強之氣、有輕氣、有靜氣、有
善氣、有書卷氣、有士子氣、此人口氣飛揚」，有這些評語的人，
他印象就比較好；反之，「此人氣象鄙瑣、庸俗氣味、庸暗之氣、
浮華氣、俗氣有濁氣」，這些人氣不足，很難得到重用。他講
的「氣」即今天講的「器宇」，也就是一個人給對方的一種感覺，
從外貌到精神、從形到神這兩方面給人的感覺。

　　人一生要經歷漫長的路程，大致說來有四個時期：幼年期、
青年期。壯期和老年時期。在各個階段，人的生理和心理發育
和變化都有一定差異，這就如同一株樹，初生之時，色薄氣稚，
以稚氣為主；生長之時，色明氣勃；到茂盛之時，色豐而豔；
及其老時，色樸而實。人與草木俱為天地之物，而人更鍾天地
之靈氣，少年之時，色純而稚；青年之時，色光而潔；壯年之時，
色豐而盛；老年之時，色樸而實，這就是人一生幾個階段氣色
變化的大致規律。人的一生不可能有恆定不變的氣色。以此為
準繩，就能辨證看待人氣色的不同變化，以「少淡、長明、壯豔、

老素」為參照，可免於陷入機械論的錯誤中去。

《冰鑑》中認為，一個人以氣為主，在內表現為精神，在外表現為氣色。氣色有多種形態：其中有貫穿人的一生的氣色，這就是俗話說的「少年時期氣色為淡，所謂的淡，就是氣稚色薄；青年時期氣色為明，所謂的明，就是氣勃色明；壯年時期氣色為豔，所謂的豔，就是氣豐色豔；老年時期氣色為素，所謂的素，就是氣實色樸」。有貫穿一年的氣色，這就是俗話說的「春季氣色為青色——木色、春色，夏季氣色為紅色——火色、夏色，秋季氣色為黃色——土色、秋色，冬季氣色為白色——金色、冬色」。有貫穿一月的氣色，這就是俗話說的「每月初一日之後如枝葉盛發，十五日之後則若隱若現」。有貫穿一天的氣色，這就是俗話說的「早晨開始復甦，白天充盈飽滿，傍晚漸趨隱伏，夜間安寧平靜」。

❧ 修養浩然之氣 ❧

> 「浩然之氣」是孟子提出的概念，指充實於人體之內的浩大正直之氣。曾國藩非常重視浩然之氣的培養。

❖ 孟子的養氣說

曾國藩認為：做大事必須要有豁達光明之胸襟，那麼怎麼樣才能達到呢？在他看來，這必須透過「善養吾浩然之氣」。人活著，如果一直渾渾噩噩而不知所謂「豁達光明之胸」、「沖融氣象」為何物，而只是「如農之力穡，如賈之趨利」，那是很難做成什麼大事的；不但事業做不好，人也活不到應有的程度。

怎樣來達到聖賢的境界呢？曾國藩在給胡林翼的信中，極讚孟子的養氣說和莊子的逍遙說，從中可見他在這兩個方面是下過一番工夫的。

養氣說是孟子人生修養方法中最有特色的學說，即所謂「吾善養吾浩然之氣」。孟子時代，中國哲學已經認為，氣是構成物質的元素，人體之內也充滿了氣。這個氣，可以是勇敢的，也可以是怯懦的；可以是善良的，也可以是邪惡的。一個人的氣如何，在和人交往時，就會表現出一種什麼樣的態度。氣的狀況，也可以影響人的志向。一個人的道德修養，就是修養自己的心和氣。

孟子解釋說，這個氣，最浩大，也最剛強，你不間斷地養護它而不損害，它就會充滿於天地之間。這個氣，是仁義的累積，不是做了一件仁義的事就可以得到的。孟子的「浩然之氣」

有一種無堅不摧、大無畏的品格。有了這種浩然之正氣，就能堅持正義、氣節和情操，而不苟且偷生、玷污自己。

❖ 莊子的逍遙說

　　曾國藩精通老莊之學，善用老莊之學。他談及莊子沖淡、超曠的人生理念，認為與孟子的「浩然之氣」有異曲同工之效。他一生以儒生自居，卻要以莊子之道自怡，把道家的清靜無為看做「體」，看做根本，而儒家的一套主張只不過是「用」，這事實上是把道家置於儒家之上。他指出：「安貧樂道而潤身睟面，孔、顏、曾、孟之旨也；觀物閑吟而意適神恬，陶、白、蘇、陸之趣也」，「細思立身之道，以禹、墨之勤儉，兼老莊之靜虛，庶於修己、治人之術，兩得之矣。」由此可見，老莊之學在曾國藩的心中佔有極為重要的位置。

　　做一個心胸豁達的大丈夫，這既是修身的一個重要步驟，也是成大事的必備條件之一。但豁達的心胸並不是與生俱來的，而是透過後天的不斷修養與培練而達到的。

氣的顏色：觀色識人法

古人認為，氣色和平，是得到富貴的基礎。如果相貌不正，色澤昏暗，氣色醜惡的，就屬於貧賤相貌。

曾國藩認為，觀面部氣色識人，可知情緒狀態，乃至禍福命運。三國時董卓的女婿、中郎將牛輔，有一個善從氣色觀人的門客，每當有人求見，牛輔必先令門客相之，看有沒有「反氣」。這大概是從氣色來看其人是否「危險人物」而已。

觀色相人法最精闢的論述在《大戴禮記》中：「歡喜的顏色是油然而生，憤怒的顏色是怫然而生，有欲望的顏色是嘔然而生，恐懼的顏色是薄然出現，憂愁悲痛的顏色是壘然而靜。真正智慧之士的顏色必然難以窮盡，真正仁德之士的顏色必然受人尊敬，真正勇敢之士的顏色必然難以震懾威赫，真正忠心之士的顏色必然可親可敬，真正廉潔之士必然有難以污染的顏色，真正寧靜之士必然有可以信賴的顏色。本質純正的顏色明朗皓白，安定鎮靜，本質欺偽的顏色煩亂不堪，使人厭倦。」

《麻衣神相》也有一段精彩論述：「身三停及面部三停都生得豐滿，相貌端正，精神安靜，氣色和平，是得到富貴的基礎，如果相貌生得欹斜不正，傾側缺陷，色澤昏暗，氣色相貌醜惡的，就屬於貧賤相貌。」

古人認為，人的氣色大致可分七種：黃、紅、紫並帶有光澤均為吉祥；青、赤、白、黑而又渾濁不清一般主凶。當然凶吉之間是經常變化的。看人的氣色要結合人體的部位，主要是人的臉面部位。看人氣色最佳時間當在清晨，飲食未進，人事未接觸，心態較自然，神較清、氣較靜，人的氣色表現也較真實。

　　《冰鑑》中認為，追求科名的士人的面部氣色應該以黃色為主，因為黃色是正色，吉色。如果有一道黃色的彩雲覆蓋在他頭頂，那麼這位士子必然會在科考殿試中一舉奪魁，高中狀元；如果兩顴部位各有一片黃色向外擴展，如兩隻翅膀直插雙鬢，那麼他登科升官或封爵受祿之日已為期不遠；如果命宮印堂呈黃色，那麼他很快就會獲得富貴的機會；如果明堂部位即鼻子白潤而淨潔，那麼他必能科考入第。其他面部氣色，如眼角即魚尾部位紅紫二色充盈，其狀似絢麗的雲霞，那麼這位童子參加小考，必能考中；命宮印堂有一片紫色發動，向上注入山根之間，那麼此人常會獲得一些錢財；如果兩眼下方各有一片紅暈，而且被鼻梁居中分隔開來從而互不連接，那麼定會喜得兒子；如果兩顴部位紅潤光澤，那麼此人的親人必能發跡。由此推而廣之，就可以知道大概了。

❦ 氣無色不顏，色無氣不靈 ❧

中醫學看人臉上的氣色來判斷他的病情變化，而面相術則看人的氣色來判斷他的富貴貧賤。

❖ 氣需足旺

氣關鍵要足要旺，不能虛浮無根，色最好是黃與紫色，如果這兩種顏色瑩瑩有光出現在印堂、準頭、命門、鬚眉上，再加上氣旺氣足，均表示身體健康、心情愉快的好兆頭。當然氣色黑一些只要不渾濁暗滯都是正常的。如果氣色有些偏枯，要觀看神態，神足氣定者往往也會令偏枯的氣色逐漸轉向平衡的。

《左傳》記載，有一年，周天子大會諸侯，派單成公做主禮。晉大夫叔向參加會盟之後，斷定單成公命不長久。他身為主禮官，可是雙目老是望著地下，腰帶之上便望不到了；說話的聲音小，隔兩步便聽不清楚，那便是神氣已衰的象徵。果然，一年不到，單成公便死了。

❖ 不可有色無氣

古人鑑人，不僅要看其色，更要看其氣（光澤），因為「氣無色不顏，色無氣不靈。有色無氣為散光，終需不足，有氣無色為隱藏，待發方通。寧可有氣無色，不可有色無氣」。相學中稱：浮（顯）、清（明）、微（淡）、散（疏）、澤（潤）為有氣，沉（隱）、濁（暗）、甚（濃）、搏（滯）、夭（枯）為無氣。例如：「面白而乾枯無潤為金滯——多貧困，面青而藍晦無光為木滯——多災厄，面黑而煙霧濛濛為水滯——多官

非，面紅而縞裏焦赤為火滯——多破敗，面黃而凝滯如泥為土滯——多疾病」。

看人氣色，除了看其有無滯色，尚需觀察氣色的顯現部位。《相論》中稱：「心屬火，發出氣燥，色紅多在印堂；脾屬土，色暗、色黃多在土星（鼻準）；肺屬金，色白而氣青，多在四庫（顏面左右上角為天倉，下角為地庫，合起來稱為四庫）；腎屬水，氣濁色黑，多在兩玄壁地庫（面頰與耳下）各有部位。」

相學理論特別強調：黑乃腎之本色，腎為人身之根本，因此不論何時何地出現黑色，均是疾病與災禍嚴重的表現。所以正常人只宜出現青、赤、黃、白四色。而且這四種顏色，還可隨著季節的轉換出現不同的變化，這便是相書中所謂的「客色」。看客色變化「春季定向三陽（眼的部位）取，夏季還當印堂求，秋季只觀年壽（鼻樑）上，冬季地閣（下頦）白光浮。」

❄ 不佳的氣色：慎待自己的氣色 ❄

> 生命力旺盛，則氣色紅潤，精神飽滿。

　　早於古希臘時代，西方已興起相面術，憑面相辨別性格，沿用至 18 世紀，引申為骨相學。而中國人則以看面相觀氣色，從氣色中找出一個人可能患的疾病，加以治療。

　　《冰鑑》中認為，面部氣色忌諱青色、白色。青色一般出現在眼睛的下方，白色則經常出現在兩眉的眉梢。但它們又有差別：如果是由於心事憂煩困苦而面呈青色，那這種青色多半既濃且厚，狀如凝墨；如果是由於遇到飛來橫禍而面呈青色，那這種青色一定輕重不均，狀如浮煙；如果是由於嗜酒好色導致疲憊倦怠而面呈白色，那這種白色一定勢如臥羊，不久即會消散；如果是由於遭遇了大災大難而面呈白色，那這種白色一定慘如枯骨，充滿死氣。

　　還有青中帶紫之色，如果是金形人遇到這種氣色，一定能夠飛黃騰達，如果是白潤光澤之色，土形兼金形人面呈這種氣色，也會獲得富貴，這些都是特例，不在以上所論之列。

　　而最為不佳的，則是以下四種氣色：「白色圍繞眼圈，此相主喪亂；黑氣聚集額頭，此相主參革；赤斑佈滿兩頰，此相主刑獄；淺赤凝結地閣，此相主凶亡。」如果碰上其中之一，就會前程倒退敗落，並且會接連遭遇禍患。

　　曾國藩指出，青色、白色是一個人面部氣色的大忌。這在

今天同樣適用，試想，如果你面前的應聘者、員工或生意夥伴有這樣的臉色，你內心也會生出一些顧慮吧？一個人的氣色，能間接反映出其健康、生活、精神狀態。一個生活失調，心情抑鬱、煩悶，或有吸菸酗酒等惡習的人，可能導致體內代謝功能下降、精神萎靡、形體消瘦，面色呈現不正常的青色、白色、黃色等。

名醫扁鵲見蔡桓公的故事童叟皆知，扁鵲能透過看人的臉色，來了解病情的輕重、發展等；而作為不是醫生的人們，同樣也可利用這種方法來察看一個人的健康狀態。《靈樞》記載：「十二經絡、三百六十五絡其氣血皆上於頭面而走空竅」，意思就是說，人體氣血的盛衰可以由臉色呈現出來，所以中醫師在臨床上會根據五色內應五臟的理論，即：肝青、心赤、脾黃、肺白、腎黑，來做為辨病診斷的標準，而透過臉部色澤的看診，能清楚知道臟腑、經絡的病變。

❀ 看「氣色」知健康 ❀

古人認為，五官氣色之好壞透露出人體健康的蛛絲馬跡。

❖ 望色

中醫傳統的診斷方式有「望、聞、問、切」四診之說。其中「望」診為四診之首，就是強調望神、望色、望形、望舌。一望可知來者健康與否，甚至可看出不健康的部位和原因。而「望色」主要是看臉色膚色。

清代醫家汪宏著《望診遵經》，在《靈樞·五色》望色理論的基礎上加以補充，提出「望色十法」，分別用以判斷疾病的表、裡、虛、實、陰、陽、新、久、輕、重，觀察面部色澤的動態變化。「望色十法」即浮、沉、清、濁、微、甚、散、摶、澤、夭。

《素問》記黃帝與雷公的問答，即是由氣色知人精神狀態變異之例。雷公問黃帝：「有些病人，明明已經見其病情轉好，卻忽然暴斃，何以知之？」黃帝答道：「如果兩顴赤色，大如拇指，病雖小癒必猝然而死；如果天庭有黑氣，大如拇指，則無病而猝然死。」所以到了《神相全編》出現的時代（宋至明代），術者便總結了由氣色看死亡的三條法則：面色有赤暴如火者，命短卒亡；面色如塵埃者，貧下夭死；面色怒變青藍者，毒害之人（亦主不壽）。

由此發展，便用氣色來看五臟六腑的病，再發展下去，便是用氣色來看人的吉凶休咎了。古代有許多氣色相法的專著，

比如《氣色經》、《相氣色面圖》、《察色相書》、《金歌四季氣色訣》等，可惜大部分皆已失傳。

❖ 自查臉色

對於今人而言，以氣色觀吉凶雖不可取，但可以由此把握自己的健康。中國人正常的臉色應是紅黃隱顯，明潤而有光澤。膚色偏白者應白裡透出紅暈光澤為健康，膚色偏黃的應黃中透出金黃光澤（俗稱「飛黃」）為健康。

如臉色發青，反映體內氣血運行不暢，有經脈瘀滯現象。可能受了風寒，可能有局部疼痛，也可能是陽氣不足所致。如臉色赤紅，是患熱症之兆。滿臉赤紅為實熱症，僅兩顴潮紅，為虛熱症。如臉色黃而偏淡無血色，表明脾胃氣虛。如加上眼睛也染黃，小便又黃赤，則就是「黃疸」病症了。如臉色蒼白無血色，表明陽氣極虛，氣血運行時升不上臉面，為失血耗氣所致。如臉色偏灰暗甚至發黑，表明腎精虧耗已相當嚴重。

當你發現自己有臉色不佳的狀況時，就應該找出毛病，加以改善。

智慧拓展：觀人氣色知動向

識人用人，要學會細心觀察面部氣色、表情、儀表等，來了解對方的內心活動。

❖ 由氣色洞悉內心

面部氣色是身體內部精氣的外在表現。精氣清爽，心智就明快，精氣混濁，心智就愚鈍。如內心不樂，臉色就顯憂愁；身體有病，儀表就疲憊；心中困惑不解，神色就發生異常；內心不安，神色往往莽莽撞撞；心懷鬼胎，神色就猶豫不定。

晉國末年，權臣智伯率領韓、魏兩家討伐趙襄子。韓、魏聽從了趙襄子的家臣張孟談的策動，暗中圖謀背叛智伯。張孟談藉機要面見智伯，在營門外遇到智果。智果告誡智伯：「張孟談態度傲慢，走路時腳步高邁，見韓、魏二君臉色不正常，一定是要背叛。」智伯不聽。張孟談入見趙襄子，報告說：「智果眼色裡有懷疑我的神態，待到見過智伯後卻改變了他的族姓，今天夜裡若不發動進攻，就來不及了。」趙襄子便與韓、魏兩家一起殺死守衛堤防的軍官，放水沖灌智伯的軍隊。這說明人的態度可以從臉色、眼神中探測出來。

❖ 察言觀色

齊桓公曾與管仲商討伐衛之事，回宮後，從衛國嫁來的衛姬一望見他，立刻跪拜，替衛君請罪。桓公問什麼緣故，她說見桓公進來時，步伐高邁，神氣豪強，有討伐他國的心志。看見自己後，臉色改變，一定是要討伐衛國了。第二天桓公上朝，

謙讓地引進管仲。管仲問：「取消伐衛的計畫了嗎？」桓公又不解，管仲說：「君王上朝時，態度謙讓，語氣緩慢，看見臣時面露慚愧，臣因此知道。」

又一次，齊桓公與管仲商討伐莒，計畫未發布卻舉國皆知。管仲認為國內必有賢人，透過觀察，推測是一位白天工作的役夫東郭垂。管仲追問緣由，東郭垂說：「君子善於策謀，小人善於推測。前些天我望見君王站在台上，生氣充沛，這是將用兵的臉色。君王歎息，所說的都與莒有關；君王手所指的也是莒的方位。尚未歸順的小諸侯唯有莒國，所以小民猜測要伐莒。」桓公聽後，就請他一起謀劃國事。

衛姬、東郭垂透過桓公的面色、手勢等肢體語言，以及話語背後所透出的討伐之意，判斷出了齊國將有征伐之事，料事之神驗，令人驚嘆不已。

❧ 躁靜無常，舉止不節 ❧

面部表情是內心活動的象徵。內心鎮定，表情就和緩；
內心煩躁，表情就急躁。

❖ 氣盛則急躁

劉劭《人物志》認為，「躁靜之決在於氣」。即透過對一
個人「氣」的觀察，可以看出他是好動型的或是好靜型的，因
為氣之盛虛是一個人性格的表現。在論以「色」觀人時，他認為，
透過對一個人「色」的觀察，可以看出他情感的表現，因色是
情緒的表徵，色悅者則其情歡，色沮者則其情悲」。急躁與冷
靜都取決於心氣。氣盛的人急躁，氣平的人則寧靜。神情不振，
必有其因。

唐初名臣裴行儉通曉陰陽曆術，每次出戰，常能預知勝負，
又深具知人的眼力。當時，王勃、楊炯、盧照鄰、駱賓王四人
都以文采著名，尤得李敬玄的器重，曾引薦四人與裴行儉相見。
事後裴行儉私下告知李敬玄：「一個讀書人前程能否遠大，當
先重視器量與才識，其次才論及文采藝術，王勃、盧照鄰、駱
賓王這三人雖有才華，但性情浮躁，舉止欠莊重，而且炫耀顯
露才能於外，到底器量不足，怎得安享祿位呢？只恐這三人不
能得到善終，唯有楊炯較為渾厚沉靜，可得安享縣令的官位，
應當不會有意外禍患。」李敬玄不信。

後來王勃渡海墮落水中，因受驚悸而死。盧照鄰遭遇惡疾
纏身，憤不欲生，自投穎水溺死。駱賓王本為徐敬業府僚，後
來徐敬業舉兵討伐武后兵敗，駱賓王同遭伏誅。只有楊炯以盈

川令終生。裴行儉所說一一應驗。高宗將立武昭儀(武則天)，
裴行儉以為國家憂患將從此開始，後來果然應驗。裴行儉所引
薦之偏將，後來也都成為名將。

❖ 考察耐心

　　曾國藩的識人之道在於，用不同的情境來考驗對方，找出
真正沉穩內斂、德行佳的人才。喜歡洗腳養生的曾國藩，為了
考驗門生李鴻章的耐心，曾特地在李鴻章登門求教之際，在他
的面前繼續洗腳一刻鐘。當時三十多歲的李鴻章自覺受辱，當
下臉紅脖子粗地拂袖而去。曾國藩因此觀察到李鴻章年輕氣盛，
短時間很難委以重任，而繼續把李鴻章留在身邊磨練。

　　心浮氣躁是現代人的一種普遍心理狀態，它會讓人變得焦
慮不安、急功近利，以致失去自我。浮躁使自我缺乏清靜感，
缺乏快樂，且太過於計較得失。浮躁的人內心常擺盪於得意、
狂喜、傲慢、迷茫、恐懼甚至絕望之間。

視色察情，盡鑑其質

內在的勇猛必有難於懾服之色，內在的忠誠必有莊重敦厚之色。

❖ 觀色的高明者

古時有一則有趣的關於醫術的典故：名醫扁鵲三兄弟，都精於醫術。一次，魏文王問扁鵲，誰的醫術最好。扁鵲回答：「長兄最好，中兄次之，我最差。長兄治病，是治病於病情發作之前。無論什麼樣的病，他一望氣色便知。由於一般人不知道他事先能剷除病因，所以名氣無法傳出去。中兄治病，是治病於病情初起時，一般人以為他只能治輕微的小病，所以他的名氣只及於本鄉里。而我是治病於病情嚴重之時，一般人都看到我在經脈上扎針放血、在皮膚上敷藥等大手術，所以以為我的醫術高明，名氣響遍全國。」

扁鵲的長兄，觀人氣色即可防患於未然，醫術的確令人歎服。同樣，觀人的高明者，能於人們都忽略的細微處發現豐富的資訊。

三國時的管輅，精通術數，善於相人。當時，魏國的何晏與丁謐、鄧揚、李勝三人皆是輔政大臣曹爽的親信，在朝堂上飛揚跋扈。管輅見鄧揚步如鬼躁，何晏如魂不守舍，兩人血不華色，精氣煙浮，容若槁木，此為鬼幽之相，推斷他們不得善終。而另一個叫傅嘏的大臣他也曾告誡曹爽的弟弟曹羲：「何晏這個人外靜而內躁，機巧好利，不務根本，恐怕會誤你兄弟的大事啊！」

沒多久，曹爽就被司馬懿設計殺死，而何晏等人也被夷三族。傅嘏是從何晏的品德操守去評說的，是「察」出來的。管輅則透過觀氣，氣是一個人內心的反應。何晏等人心存邪念，動機不純，故而管輅看出二人氣躁，必不長久。

❖ 望氣知人

相學還認為，望氣可知人所謀。《太平廣記》記載，三國時蜀國有個趙溫圭，給別人占卜禍福，無不神算，蜀人稱他為趙聖人。武將王暉為人魯莽兇悍，到了後主執政時，因被一兩個權貴排擠壓抑，懷恨在心。一天，他在朝門下遇見趙公，趙公仔細觀察後，便摒退左右告訴他：「今天見你面帶殺氣，懷裡藏著刀想暗算別人。但是，你將來會成為三任郡守，一任節制，只是晚一些罷了，不宜害人而招致災禍。」王暉十分吃驚，便從懷裡掏出一柄匕首扔在地上，哭泣著拜謝。不久，王暉果然當了郡守，又遷升為秦州節度使。

控制好喜怒之色

古人推崇喜怒不形於色的人，認為這是閱歷、器度和胸襟的展現，能成大事。

❖ 怒氣誤事

生活中，常有領導者把個人挫折、家庭矛盾所引起的不愉快帶到工作中，無故對下屬發火、指責，甚至置自己的份內工作於不顧，而過後又統統歸咎於自己的情緒不好。領導者的怒氣、壞臉色，對於工作、團隊都是有危害的。

《史記》記載：陳勝稱王以後，從前貧窮時的舊友來投奔他，時常出入宮殿，還講述他和陳勝的往事。有人就對陳勝說：「這人愚昧無知，專說些不得體的話，使您的尊嚴受到損害。」陳勝大怒，就把舊友殺了。此後陳勝的老熟人都主動離去，沒有人再親近他了。陳勝不能廣納英豪，而且連老朋友都留不住，這是導致他失敗的一個重要原因。

諸葛亮最後一次北伐，老奸巨猾的司馬懿和他對壘一百多天，閉門不戰。諸葛亮送來女人的衣服、頭巾、髮飾，意即羞辱司馬懿像個女人。司馬懿看後，心中大怒，表面上卻故作鎮靜，當即接受下來，並下令厚待送衣的使者。眾將無不氣憤，紛紛請戰。司馬懿安撫眾將之後，忍受侮辱，堅持到底，顯示出一個謀略家的卓越見地。結果，諸葛亮沒轍，司馬懿勝利了。

❖ 君子量大，小人氣大

北宋名相富弼，極有器量。年輕時有人罵他，他充耳不聞。

有人告訴他，富弼說：「恐怕是罵別人吧！」那人又說：「指名道姓地在罵你哩！」富弼又答道：「天下難道就沒有同名同姓的嗎？」那個人聽後十分慚愧。

名臣韓琦也是喜怒不見於色。任元帥時，他經常秉燭工作。一天夜裡，韓琦寫信，讓一士兵在一旁端蠟燭，士兵疲倦，不小心讓蠟燭燒到韓琦的鬍子。韓琦隨手用袖子將火撲滅，繼續寫信。不一會兒，韓琦抬頭發現士兵已經被換掉了，他擔心士兵的長官責罵那名士兵，就急忙為他開脫，這成為軍營中的佳話。此外，韓琦有一對心愛的玉杯，每逢設宴時，他都拿出玉杯供客人賞玩。一天，一位官吏失手打碎了玉杯，客人們很吃驚，那位官吏也急忙請罪。韓琦卻一笑了之，客人們都很佩服他這種寬厚的德行和度量。

曾國藩一向注意自己的言行，他認為「圓通則顯和氣」。跟人打交道，要學會一團和氣。和氣能使人更容易接納你，為你打開更大的空間。

冰鑑新解

❧ 男兒自立，需有倔強之氣 ❧

曾國藩說得好：「挺立特立，做第一等人物。」挺立就是倔強。

❖ 「硬脖子」董宣

一個人要使自己做成大事，內心絕不能缺少一股倔強的精神，這一點很重要。沒有這種倔強的精神，人生就「挺立」不起來。東漢初年，洛陽令董宣處死了湖陽公主的一個惡奴，公主到光武帝劉秀處哭訴，光武帝便命董宣賠禮道歉。董宣乃倔強之人，認為自己沒有做錯，堅決不肯向公主叩頭。光武帝便命人將董宣按倒，強使他叩頭。董宣雙手撐地，終不肯俯。光武帝幽默地稱他為「強項令」，赦免了他，並下詔嘉獎。從此，董宣威名大震，被稱為京都「臥虎」。當時洛陽有一句民謠說：「桴鼓不鳴董少平。」

❖ 打落牙齒，和血吞

曾國藩是一個非常倔強的人，認為古來豪傑以「難禁風浪」四字為大忌，他的「打落牙齒，和血吞」現在成了很多人的座右銘。他這種剛強、堅而不脆的性格，受到他祖父曾玉屏的影響很大。曾玉屏心志很高，不時教導兒孫：「人以懦弱無剛為大恥，男兒自立，必須有倔強之氣。」這句話曾國藩牢記一生，他曾經說過：「倔強二字，確不可少。功業文章，更需要有這兩字灌注其中，否則柔靡不能成一事。孟子所說的『至剛』，孔子所說的『貞固』，都是從『倔強』兩個字中做出。」

他明知政治敗壞，民不聊生，「天下似無戡定之理」，卻無動於衷，仍然要一拚到底。從為官的第一天起，曾國藩就立定了一個志向：「一不要錢，二不怕死。」不要錢，就戒除了私心；不怕死，就斷絕了後路。

曾國藩的倔強性格，在他最初出來帶兵的時候表現最為突出。他沒有地盤，無糧餉，事事仰仗於人。偏偏曾國藩又是勇於任事之人，因而與地方官員勢同水火。加上初期與太平軍作戰屢戰屢敗，更使他雪上加霜。然而在與官場政敵與太平軍的雙重搏鬥中，卻使他養成了一種咬牙立志、不肯認輸的脾氣。他曾說：「李申夫曾經說我與人嘔氣從來不說，而是特別能忍耐，一步步尋求自強之道，俗語說：『好漢打掉牙，和血吞下去。』這正是我咬牙立志的訣竅。我曾經被京城中的權貴所唾罵，被長沙官場所唾罵，被江西官場所唾罵，也經歷了岳州之敗、靖港之敗、湖口之敗，被打掉牙的時候多了，沒有一次不是連血一塊吞下去的。」

冰鑑新解

❧ 劉向六正六邪鑑人法 ❧

照六種好的典型去做，就會得到榮耀，若照壞的去做，就會招來羞辱。

❖ 傑出學者劉向

劉向，西漢經濟學家、目錄學家、文學家。歷經宣帝、元帝、成帝三朝；曾屢次上書稱引災異，彈劾宦官外戚專權。成帝時受詔命校書近二十年，撰有《別錄》、《洪範五行》、《新序》、《說苑》、《列女傳》等。《說苑》談到為官之道時，把官員分為十二種，列為「六正六邪」。由於概括比較全面準確，一直為人所沿用。名臣魏徵在上唐太宗疏中就曾告誡：「進之以六正，戒之以六邪，則不嚴而自勵，不勸而自勉矣。」這對於今天的領導者識人不無裨益。

❖ 六正

事情的端倪尚未萌生，就能清楚地看到存亡之機和得失之要，從而防患於未然，使君主安然無恙，常處於繁榮之地，這樣的人就是「聖臣」。能夠虛心盡意，經常給君主出好主意，匡正其錯誤，這就是「良臣」。自己操勞，早起晚睡，不斷地推薦賢能，學習古代的嘉言善行來勉勵人主，這就是「忠臣」。能夠預測成敗，及早加以預防或補救，堵塞漏洞，絕其禍源，這就是「智臣」。能夠奉公守法，謹守職事，不受賄賂，飲食節儉，這就是「貞臣」。在國家昏亂之時，從不阿諛拍馬，勇於犯顏直諫，這就是「直臣」。

❖ 六邪

　貪官圖祿，不務公事，與世浮沉，這樣的人就是「具臣」。凡是君主所說的，都一律說好，引導君主遊玩取樂，而不顧身後之害，這就是「諛臣」。內心險詐，外貌乖順，巧言悅色卻嫉賢害能，致使君主賞罰不當，號令不行，這就是「奸臣」。其智謀足以文過飾非，其巧辯足以行其謬說，在內離間君主的骨肉之親，在外造成上下之亂，這就是「讒臣」。專權擅政，顛倒輕重，結為私黨，損害國家，這就是「賊臣」。用奸邪之言，讒陷君主，陷君主於不義之地，結納朋黨，蔽塞君聽，這就是「亡臣」，即「亡國之臣」。

諸葛亮「識人七法」

作為蜀漢支柱，諸葛亮選拔了諸多人才，也因此奠定三分天下的人才基礎。

❖ 諸葛亮鑑才

三國時，諸葛亮被劉備三顧茅廬請出山門後，不負所望，統率三軍平定南方，又「北伐中原」。他掌管蜀國軍政大權二十多年，因為善於識人、用人，網羅了一大批賢能之士，並人盡其才，才盡其用，為開闢、建立和鞏固蜀漢政權立下了汗馬功勞。

諸葛亮在鑑才方面有著獨到的見解，而且在多年的實踐中總結出了一套行之有效的經驗，這就是很有名的「識人七法」。他提出領導者應該對下屬和下級領導幹部進行仔細的考察，以知其意志、應變、知識、勇敢、性格、廉德、信用，絕不可憑感情和印象用人。

❖ 志、變、識、勇、性、廉、信

【問之以是非而觀其志】：用是非之事來詢問他，從而觀察他的心智。或者說用離間的辦法詢問他對某事的看法，以考察他的志向、立場。這如同今天的壓力面試。

【窮之以辭辯而觀其變】：和他辯論一個問題，把他辯的沒話說而激怒他，從而觀察他應變的能力和本身的器度。

【咨之以計謀而觀其識】：用計謀來諮詢他，徵求他的意見，從而觀察他的學識。

【告之以禍難而觀其勇】：把災禍劫難告訴他，從而觀察他的勇氣、膽識。

【醉之以酒而觀其性】：用酒把他灌醉（所謂酒後吐真言），從而觀察他的品行、修養。這個方法其實並不一定是說，用酒去把一個人灌醉，而是說可以透過生活的一些細節來判斷一個人的本質，也就是所謂見微知著。

【臨之以利而觀其廉】：就是將被考察人放在有利可圖和能夠得到非分利益的職位上，或用利益來誘惑他，從而觀察他的清廉程度。

【期之以事而觀其信】：把某件事情交給他去辦，從而觀察他的信用程度，是否值得信任。有些人可能說起來天花亂墜，一碰到實際問題就手忙腳亂。

劉劭的「八觀」、「五視」

一流之人，能識一流之善；二流之人，能識二流之美。

❖ 第一部人才學專著《人物志》

劉劭，三國時魏國哲學家。所著《人物志》，是我國古代唯一的一部人才專著，對如何鑑別人才，如何任用人才和人才心理等問題，都做了研究和探討。劉劭指出：「聖賢的美德莫過於知人（「莫貴乎知人」），把知人識才、恰當地用人作為事業興旺發達的重要標誌。」他在「天人之辨」中完全不涉及天意，著重論人的才性、情性之理，開魏晉名理玄談風氣之先河。在書中，劉劭提出了著名的「八觀」、「五視」、「七似」、「七繆」等鑑人方略。

❖ 八觀

一是「觀其奪救，以明間雜」，觀察一個人對待爭奪和救濟的態度，以了解其追求；二是「觀其感變，以審常度」，觀察其感情變化，以了解其為人；三指「觀其志質，以知其名」，觀察一個人的志向和本質，以了解他的名聲；四是「觀其所由，以辨依似」，觀察一個人的行為，以了解他的所為；五是「觀其愛敬，以知通塞」，觀察一個人對他人的態度，以了解他是否通達；六是「觀其情機，以辨恕惑」，觀察一個人的情緒欲望，以了解他是寬容還是苛刻；七是「觀其所短，知其所長」，觀察一個人的短處，以了解其長處；八是「觀其聰明，以知所達」，觀察一個人是否聰明，以了解他的水準和能力。 其中「一」和

「三」指志向，「二」和「四」指行為，「五」和「六」指德行，「七」和「八」指才智。可見其對才性鑑定要求的綜合性。

❖ 五視

一是「居，視其所安」，在日常生活中，看他平時的志向情趣；二是「達，視其所舉」，一旦發達後，看他舉薦什麼人，即所謂「物以類聚，人以群分」；三是「富，視其所與」，富裕之後，施予什麼人，是為富不仁，還是普濟眾生；四是「窮，視其所為」，窮途末路之時，看他的所作所為；五是「貧，視其所取」，貧賤時，看他如何對待財貨。

如果說「八觀」是靜態的觀察方法，那麼「五視」則是在「八觀」要求知人常情的基礎上進了一步，是動態的考察方法。

附錄 冰鑑原文

❖〈神骨章第一〉

語云：「脫穀為糠，其髓斯存。」神之謂也。「山騫
不崩，惟石為鎮。」骨之謂也。一身精神，具乎兩目；一
身骨相，具乎面部。他家兼論形骸，文人先觀神骨。開門
見山，此為第一。

相家論神，有清濁之辨。清濁易辨，邪正難辨。欲辨
邪正，先觀動靜。靜若含珠，動若水發；靜若無人，動若
赴敵；此為澄清到底。靜若螢光，動若流水，尖巧喜淫；
靜若半睡，動若鹿駭，別才而深思；一為敗器，一為隱流，
均之托跡二清，不可不辨。

凡精神，抖擻時易見，斷續處難見。斷者出處斷，續
者閉處續。道家所謂收拾入門之說，不了處，看其脫略；
做了處，看其針線。小心者，從其做不了處看之，疏節闊
目，若不經意，所謂脫略也。大膽者，從其做了處看之，
慎重周密，無有苟且，所謂針線也。二者實看向內處，稍
移外便落情態矣，情態易見。

骨有九起：天庭骨隆起，枕骨強起，頂骨平起，佐串
骨角角，太陽骨線起，眉骨伏犀起，鼻骨芽起，顴骨豐起，
項骨平伏起。在頭以天庭骨、枕骨、太陽骨為主；在面以
眉骨、顴骨為主。五者備，柱石器也；一，則不窮；二，
則不賤；三，動履小勝；四，貴矣。

骨有色，面以青為主，少年公卿半青面是也。紫次之，
白斯下矣。骨有質，頭以聯者為貴。碎次之。總之，頭無
惡骨，面佳不如頭佳。然大而缺天庭，終是賤品；圓而無

串骨，半為孤僧；鼻骨犯眉，堂上不壽。顴骨與眼爭，子嗣不立。此中貴賤，有毫釐千里之辨。

❖ 〈剛柔章第二〉

既識神骨，當辨剛柔。剛柔即五行生克之數，名曰先天種子。不足用補，有餘用泄。消息直與命通，此其皎然易見。五行有合法。木合火，水合木，此順而合。順者多富，即貴亦在浮沉之間。金與火仇，有時合火，推之水土皆然，此逆而合；逆者，其貴非常。然所謂逆合者，金形帶火則然，火形帶金，則三十死矣；水形帶土則然，土形帶水，則孤寒老矣；木形帶金則然，金形帶木，則刀劍隨身矣。此外牽合，俱是雜格，不入文人正論。

五行為外剛柔，內剛柔則喜怒、伏跳、深淺者是。喜高怒重，過目輒忘，近粗。伏亦不伉，跳亦不揚，近蠢。初念甚淺，轉念甚深，近奸。內奸者，功名可期。粗蠢各半者，勝人以壽。純奸能豁達者，其人終成。純粗無周密者，半途必棄。觀人所忽，十得八九矣。

❖ 〈容貌章第三〉

容以七尺為期，貌合兩儀而論。胸腹手足，實接五方；耳目口鼻，全通四氣。相顧相稱則福生；如背如湊，則林林總總，不足論也。

容貴整，整非整齊之謂。短不豕蹲，長不茅立，肥不熊餐，瘦不鵲寒，所謂整也。背宜圓，腹宜突坦，手宜溫軟，曲若彎弓，足宜豐滿，下宜藏蛋，所謂整也。五短多貴，兩大不揚，負重高官，鼠行好利，此為定格。他如手長其身，身過於體，配以佳骨，定主封侯；羅紋滿身，胸

有秀骨，配以妙神，不拜相即鼎甲。

相貌家有清、古、奇、秀之別，摠之不必，須看科名星、陰騭紋為主。科名星，十三歲至三十九歲隨時而見；陰騭紋，十九歲至四十六歲隨時而見。二見全，大物也；得一亦貴。科名星見於印堂眉彩，時隱時見，或為剛針，或為小丸，嘗有光氣，酒後及發，怒時易見。陰騭紋見於眼角，陰雨便見，如三叉樣，假寐時最易見。得科名星蚤發，得陰騭紋遲發。二者全無，前程莫問。陰騭紋見於喉間，又主子貴；雜路不在此格。

目者面之淵；不深則不清。鼻者面之山；不高則不靈。口闊而方，祿千鍾；齒多而圓，不家食。眼角入鬢，必掌刑名。項見於面，終身錢穀：此貴徵也。舌脫無官，橘面不顯。文人不傷左眼，鷹隼動便食人：此賤徵也。

❖ 〈情態章第四〉

容貌者，骨之餘，常佐骨之不足。情態者，神之餘，常佐神之不足。久注觀人精神，乍見觀人情態。大家舉止，羞澀亦佳；小兒行藏，跳叫愈失。大旨亦辨清濁，細處兼論取捨。

人有弱態，有狂態，有疏懶態，有周旋態。飛鳥依人，情致婉轉，此弱態也。不衫不履，旁若無人，此狂態也。坐止自如，問答隨意，此懶態也。飾其中機，不苟言笑，察言觀色，趨吉避凶，此周旋態也。皆根其情，不由矯枉。弱而不媚，狂而不譁，疏懶而真誠，周旋而健舉，皆能成器；反此，敗類也。大概亦得二三矣。

前者恒態，又有時態。方與對談，神忽他往；眾方稱言，此獨冷笑；深險難近，不足與論情。言不必當，極口

稱是；未交此人，故意詆譭；卑庸可恥，不足與論事。漫無可否，臨事遲回；不甚關情，亦為墮淚；婦人之仁，不足與談心。三者不必定人終身。反此以求，可以交天下士。

❖ 〈鬚眉章第五〉

鬚眉男子。未有鬚眉不具可稱男子者。「少年兩道眉，臨老一林鬚。」此言眉主蚤成，鬚主晚運也。然而紫面無鬚自貴，暴腮缺鬚亦榮：郭令公半部不全，霍嫖姚一副寡臉。此等間逢，畢竟有鬚眉者十之九也。眉尚彩，彩者，杪處反光也。貴人有三層彩，有一二層彩者。所謂文明氣象，宜疏爽不宜凝滯。一望有乘風翔舞之勢，上也；如潑墨者，最下。倒豎者，上也；下垂者，最下。長有起伏，短有神氣；濃忌浮光，淡忌枯索。如劍者掌兵權，如帚者赴法場。個中亦有徵範，不可不辨。他如壓眼不利，散亂多憂，細而帶媚，粗而無文，最是下乘。

鬚有多寡，取其與眉相稱。多者，宜清、宜疏、宜縮、宜參差不齊；少者，宜健、宜光、宜圓、宜有情照顧。卷如螺紋，聰明豁達；長如解索，風流榮顯；勁如張戟，位高權重；亮若銀條，蚤登廊廟：皆官途大器。紫鬚劍眉，聲音洪壯；蓬然虯亂，嘗見耳後；配以神骨清奇，不千里封侯，亦十年拜相。他如：輔鬚先長終不利、人中不見一世窮、鼻毛接鬚多晦滯、短髭遮口餓終身，此其顯可見耳。

❖ 〈聲音章第六〉

人之聲音猶天地之氣，輕清上浮，重濁下墜。始於丹田，發於喉，轉於舌，辨於齒，出於唇，實與五音相配。取其自成一家，不必一一合調。聞聲相思，其人斯在，寧

必一見決英雄哉！'

聲與音不同。聲主張，尋發處見；音主斂，尋歇處見。辨聲之法，必辨喜怒哀樂：喜如折竹當風，怒如陰雷起地，哀如石擊薄冰，樂如雪舞風前，大概以輕清為上。聲雄者，如鐘則貴，如鑼則賤；聲雌者，如雉鳴則貴，如蛙鳴則賤。遠聽聲雄，近聽悠揚，起若乘風，止若拍瑟，上上；大言不張唇，細言若無齒，上也；出而不返，荒郊牛鳴；急而不達，深夜鼠嚼；或字句相聯，喋喋利口；或齒喉隔斷，啁啁混談；市井之夫，何足比數？

音者，聲之餘也，與聲相去不遠，此則從細處曲中見直。貧賤者有聲無音，尖巧者有音無聲，所謂「禽無聲、獸無音」是也。凡人說話是聲，其散在左右前後是音。開談若含情，話終多餘響，不惟雅人，兼稱國士；闊口無溢出，尖舌無窕音，不惟實厚，兼獲名高。

❖ 〈氣色章第七〉

面部如命，氣色如運。大命固宜整齊，小運亦當亨泰。是故，光焰不發，珠玉與瓦礫同觀；藻繪未揚，明光與布葛齊價。大者主一生禍福，小者亦三月吉凶。

人以氣為主，於內為精神，於外為氣色。有終身之氣色，少淡、長明、壯豔、老素是也。有一年之氣色，春青、夏綠、秋黃、冬白是也。有一月之氣色，朔後森發、望後隱躍是也。有一日之氣色，早青、晝滿、晚停、暮靜是也。

科名中人，以黃色為主，此正色也。黃雲蓋頂，必掇大魁；黃翅入鬢，進身不遠；印堂黃色，富貴逼人；明堂素淨，明年及第。他如眼角霞鮮，決利小考；印堂垂紫，動獲小利；紅暈中分，定產佳兒；兩顴紅潤，骨肉發跡。

由此推之，足見一斑矣。

色忌白，忌青。青嘗見於眼底，白嘗發於眉端。然亦有不同：心事憂勞，青如凝墨；禍生不測，青如浮煙；酒色儃倦，白如臥羊；災晦催人，白如傅粉。又或青而帶紫，金形遇之而飛揚；白而有光，土庚相當亦富貴；又不在此論也。最不佳者：太白夾日月，烏鳥集天庭；桃花散面頰，赭尾守地閣。有一於此，前程退落，禍患再三矣。

余家有冰鑑七篇，不著撰人姓名。宛似一子，世無刻本，恐其湮沒也。觀人之法，孔有焉廋之辭，孟有眸子之論。聖賢所重，吾輩其可不知乎？此篇固切於用非同泛書，亦無賞其文辭云爾。南海吳榮光荷屋氏並識。

冰鑑新解／曾國藩原著；王清遠編. -- 初版. --
新北市：華志文化，2015.01
　　面；　公分. --（諸子百家大講座；9）

　　ISBN 978-986-5636-06-7（平裝）

　　1.相書

293.2　　　　　　　　　　　　　　　103024348

日 華志文化事業有限公司

系列／諸子百家大講座 0 0 9

書名／冰鑑新解

原　著　者　曾國藩

編　　　者　王清遠

執　行　編　輯　林雅婷

美　術　編　輯　簡郁庭

封　面　設　計　黃雲華

文　字　校　對　陳麗鳳

企　劃　執　行　康敏才

總　編　輯　黃志中

社　長　楊凱翔

出　版　者　華志文化事業有限公司

電　子　信　箱　huachihbook@yahoo.com.tw

地　址　116 台北市文山區興隆路四段九十六巷三弄六號四樓

電　話　02-22341779

印　製　排　版　辰皓國際出版製作有限公司

總　經　銷　商　旭昇圖書有限公司

地　址　235 新北市中和區中山路二段三五二號二樓

電　話　02-22451480

傳　真　02-22451479

郵　政　劃　撥　戶名：旭昇圖書有限公司（帳號：12935041）

出　版　日　期　西元二〇一五年一月初版第一刷

售　　　價　二五〇元

華志文化